TABLEAU SOMMAIRE

DE

LA TERREUR

DANS L'AVEYRON

PAR

H. AFFRE

Ancien archiviste du département de l'Aveyron,
Membre de la Société des Lettres, Sciences et Arts
du même département,
Correspondant du ministère de l'instruction publique
pour les travaux historiques,
Auxiliaire de la commission de géographie historique
de l'ancienne France près le même ministère,
Correspondant de l'Institut des provinces, etc.

RODEZ
IMPRIMERIE ADMINISTRATIVE RATERY-VIRENQUE
Rue de l'Embergue, 21.
—
1886

TABLEAU SOMMAIRE

DE

LA TERREUR

DANS L'AVEYRON

EXTRAIT DU XIII° VOLUME DES *Mémoires de la Société des Lettres, Sciences et Arts de l'Aveyron.*

TABLEAU SOMMAIRE

DE

LA TERREUR

DANS L'AVEYRON

PAR

H. AFFRE

Ancien archiviste du département de l'Aveyron,
Membre de la Société des Lettres, Sciences et Arts
du même département,
Correspondant du ministère de l'instruction publique
pour les travaux historiques,
Auxiliaire de la commission de géographie historique
de l'ancienne France près le même ministère,
Correspondant de l'Institut des provinces, etc.

RODEZ
IMPRIMERIE ADMINISTRATIVE RATERY-VIRENQUE
Rue de l'Embergue, 21.

1886

TABLEAU SOMMAIRE

DE

LA TERREUR DANS L'AVEYRON[1]

AVANT-PROPOS

Je m'étais d'abord proposé de composer le tableau de la Révolution française dans l'Aveyron. Les matériaux en étaient prêts lorsque, en 1879, des raisons de santé me forcèrent à quitter la direction des archives du département. Il n'y avait plus alors qu'à retoucher quelques-unes des notes prises au courant de la plume. Mais, après y avoir mûrement réfléchi, il m'a semblé qu'il n'y aurait pas grand inconvénient à me borner uniquement au *Tableau de la Terreur*. En réalisant mon premier dessein, en effet, je produisais un volume énorme, et il était dans ce cas à craindre qu'un très grand nombre de faits, trop souvent analogues, ne finît par lasser la patience du lecteur. Au lieu donc de rapporter tout ce qui, à ma connaissance, marqua dans notre département l'année mémorable de 1789 et les années suivantes jusqu'au coup d'Etat de Brumaire, mon travail, divisé en deux parties, ne contiendra que la plupart des faits de la Terreur et quelques-uns de ceux qui la précédèrent ou la suivirent.

Il faut bien se garder, en effet, de croire que les actes violents outre mesure et les persécutions furent l'apanage

---

(1) Tous les faits ont été fournis par les papiers de la Révolution déposés aux archives du département.

exclusif de ce régime odieux qui pesa sur la France depuis le 31 mai 1793, jour où la Montagne triompha des Girondins dans la Convention, jusqu'au 27 juillet (9 thermidor) 1794, qui fut témoin de la tardive chute de Robespierre et de ses hideux complices; durant de longs mois, avant et après cette orgie révolutionnaire, le pays, quoique moins profondément troublé et moins en butte aux actes tyranniques d'une faction perverse et cyniquement sanguinaire, fut cependant loin d'être calme et de jouir paisiblement des réformes nécessaires sagement opérées au sein de la société française. La tempête avait été trop terrible pour faire place sans transition au repos. Les mesures violentes et oppressives ne pouvaient évidemment avoir un terme que par l'abrogation complète de cette multiplicité de lois, de décrets et d'arrêtés qui en étaient la source. Cet apaisement tant souhaité n'eut lieu que par l'avènement au pouvoir du génie providentiel qui releva les autels, pacifia l'intérieur et éleva la France à un degré inouï de puissance et de gloire.

Le mouvement réformateur de 89, si favorablement accueilli de l'immense majorité des Français à son origine, et si légitime dans ses aspirations, ne tarda pas à provoquer de graves perturbations intestines, dont la principale eut pour cause, sans contredit, la constitution civile du clergé. Réprouvée par la discipline ecclésiastique et même par la religion, elle devint l'un des ferments les plus actifs des désordres qui ravagèrent notre malheureuse patrie pendant une douzaine d'années.

Plusieurs de nos compatriotes, partisans décidés de sages réformes, tels que MM. de Bonald et de Séguret, effrayés de la tournure que prenaient les événements, se mirent de bonne heure à l'écart des affaires publiques. D'autres, moins craintifs, ou peut-être aussi moins clairvoyants, tels que MM. de Monseignat, Flaugergues et Delpech, crurent pouvoir sans danger continuer leur concours à l'administration, dans l'espoir sans doute de pouvoir être utiles au pays comme à leurs concitoyens, au milieu des conjonctures difficiles où l'on se trouvait. Vaine illusion; leurs opinions, bien que profondément libérales, ne tardèrent pas à devenir suspectes, précisément à cause de leur modération. Ils furent accusés par des Jacobins, Aveyronnais comme eux, d'être partisans de l'ancien régime; et ce ne fut qu'à grand'peine et après beaucoup de tribulations qu'ils parvinrent à échapper à leur inepte et implacable fureur (1).

Les noms des Aveyronnais qui soutinrent avec une ardeur excessive, dans les différentes branches de l'administration, les mesures terroristes, ont été soigneusement laissés de côté dans le présent ouvrage. L'époque si affreusement convulsionnée dont il s'agit n'est pas encore assez éloignée de nous, et j'aurais craint, en livrant ces noms à la publicité, de porter la tristesse dans certaines familles, sans rien ajouter aux graves enseignements qui résulteront pour tout esprit sérieux de la lecture du présent travail.

Lors de la division de la France en départements (15 janvier 1790), le Rouergue forma celui de l'*Aveiron*, du nom, ainsi orthographié dans Vosgien et autres géographes, de la rivière qui le traverse de l'est à l'ouest. Il fut d'abord divisé en neuf districts : Rodez, Villefranche, Millau, Mur-de-Barrez, Saint-Geniez, Saint-Affrique, Sauveterre, Sévérac et Aubin. Chaque district fut divisé en neuf cantons, et ces derniers en un nombre variable de municipalités, dont le total était alors de 684.

A la tête du département il y avait une administration nommée par l'assemblée électorale, qui se divisait en deux corps : le *Conseil* et le *Directoire*. Celui-ci se composait de huit membres, dont les premiers furent MM. Bessière, Nogaret, Lortal, Molinier (de La Mouline), Vaissettes, Boyer (de Sauveterre), Clavière, Constans-Saint-Estève. Il y avait auprès du Directoire un *Procureur-général syndic du département*, dont la fonction spéciale consis-

(1) Le 3 septembre 1796, un Espalionnais écrivait à un ami qui habitait Paris : « Il est certain qu'après le temps horrible que nous avons passé, c'est un miracle de se retrouver sur cette terre maudite, d'y agir, d'y parler et de n'avoir pas à pleurer quelqu'un des siens. Je souhaite, pour ma satisfaction et pour la vôtre, que la faulx révolutionnaire du despotisme décemvirat qui vient de peser sur la France n'ait atteint aucun des vôtres. » Il dit dans cette même lettre que le nombre des prêtres qui portèrent la tête sur l'échafaud fut de vingt-cinq.

tait à veiller à l'exécution des lois. Le premier à occuper ce poste fut M. de Séguret, de Rodez.

L'administration des districts comprenait également un Conseil, un Directoire et un agent d'exécution appelé procureur syndic.

Diverses modifications furent successivement apportées à ce mode d'administration; mais pour ne pas entrer dans de trop longs détails à ce sujet, je me bornerai à signaler celles qu'introduisit la Constitution de l'an III (1795).

Il y eut une *Administration centrale* dans chaque département, composée pour l'Aveyron de cinq membres élus pour cinq ans. L'administration intermédiaire de district fut supprimée et remplacée par l'*Administration municipale du canton*, composée des *agents municipaux des communes du canton*. Auprès de chaque administration départementale et cantonale se trouvait un *Commissaire* nommé par le Directoire exécutif.

Le Directoire central de l'Aveyron fut d'abord composé de MM. Cabrières, président; Balza-Cayla (de Rodez), Delpech (de Sauveterre), Lacombe (de Saint-Antonin), et Flaugergues, qui fut remplacé temporairement par M. P. Fabre. M. Rouvelet remplit les fonctions de commissaire du Directoire exécutif, et M. Merlin jeune, de Sauveterre, celles de secrétaire-général.

Sous le rapport judiciaire, il y eut un tribunal par district. Ils furent supprimés, en même temps que les districts, en l'an IV, et remplacés par un seul tribunal civil siégeant à Rodez.

Le premier consul, par la loi du 17 février 1800, réorganisa l'administration des départements et cette organisation, qui concilia les intérêts de chaque localité avec l'action légitime du pouvoir central, s'est maintenue jusqu'à nos jours telle à peu près qu'elle avait été établie en premier lieu.

PREMIÈRE PARTIE

1793

JANVIER

Janvier, 7. — Arrêté du Conseil du département relatif aux « meubles, effets et ustensiles en or et en argent des églises et chapelles ». En voici le premier considérant : « Le Conseil, considérant : 1° que l'intérêt, la justice et la vraie gloire de la nation exigent que l'or et l'argent et autres effets précieux renfermés dans les trésors des églises cathédrales et autres du département et qui n'ont d'autre usage que de donner au culte une somptuosité peu capable d'honorer la divinité et de faire respecter la religion, cèdent aux besoins de l'Etat et de la defense de la liberté et de l'égalité, et que l'exécution de la loi du 10 septembre dernier, qui a sanctionné cette précieuse destination, a été trop longtemps négligée; etc. »

15. — Demande de réduction sur la contribution foncière. La surcharge du département, est-il dit, était de 1,732,983 livres. Le total de la contribution s'élevait à 3,164,000 livres, tandis que la moyenne des produits territoriaux, calculée d'après deux bases différentes, ne se portait qu'à 8,586,098 livres 15 sous.

17. — Affectation de l'ancien couvent des Capucins de Rodez au logement de la gendarmerie et au service des prisons.

18. — Décret qui attribue au tribunal criminel du Gard la connaissance des « attentats commis à Saint-Affrique, dans le club des Amis de la Liberté et de l'Egalité, et contre l'arbre de la Liberté par le 4ᵉ bataillon des volontaires du Tarn ».

31. — Décret qui lève la suspension portée contre la municipalité de Saint-Affrique.

FÉVRIER

Février, 1ᵉʳ. — Dans l'état des armes à la disposition de la municipalité de Sévérac figurent 4 canons et 11 pièces de campagne ayant appartenu « à la citoyenne Roye, veuve Biron, cy-devant seigneuresse de Sévérac ».

3. — Réquisitions au sujet des attroupements qui se multiplient du côté de Rignac et dans le district d'Aubin, et « du désordre et du fanatisme qui y font de grands ravages ».

14. — Autorisation donnée aux Amis de la Liberté et de l'Égalité de Villecomtal de continuer à se réunir dans une des salles de la maison curiale.

26. — Constitution de la Société patriotique de Marcillac. La Société des Amis de la Liberté et de l'Égalité de Rodez en est informée par une lettre dont voici un extrait : « Frères et amis, les citoyens de Marcillac, presque tous cultivateurs, journellement occupés des travaux de la campagne, n'avaient pas véritablement formé jusqu'ici une Société. Seulement, certains soirs de la semaine nous nous assemblions au son de la cloche pour nous délasser des fatigues de la journée à la lecture des papiers nouvelles. Mais aujourd'hui un instinct républicain nous y invite ; ces Sociétés, qui ont sauvé la chose publique, doivent se multiplier jusques dans les hameaux, puisque les dangers de la patrie continuent encore... Nous vous égalons en patriotisme, mais vous nous surpassez en lumières. Faites-en de temps en temps rejaillir quelques rayons sur nous ; vous nous éclairerez sans doute ; les sentiments républicains ne dédaignent point les amis rustiques. »

MARS

Mars, 6. — Répartition des 5,252 hommes à fournir par les neuf districts, en conséquence du décret ordonnant une levée de 300,000 soldats.

7. — Le Conseil général de la commune de Rodez, considérant que les cinq colonnes de bronze existant dans l'enceinte du chœur de la cathédrale « ne peuvent être regardées que comme des monuments d'orgueil et de faste », arrête que ces colonnes seront enlevées, ainsi que la plaque de laiton qui recouvre le tombeau de François d'Estaing, et que ce bronze servira à faire fondre des canons pour la défense de la ville. Bo et Chabot, représentants du peuple, en mission dans l'Aveyron, approuvèrent cet arrêté le 9 avril suivant.

7. — Lettre du procureur-général syndic du département relative au certificat de civisme exigé des fonctionnaires non élus par le peuple et salariés par l'Etat :

« Vous connaissez aussi bien que moi l'intérêt que la Convention met à ce qu'il ne reste en place personne dont les principes sont douteux, et vous ne sauriez mieux seconder ses vues qu'en vérifiant scrupuleusement tous les certificats et en refusant inexorablement votre visa à ceux qu'une complaisance coupable pourrait avoir accordés à des fonctionnaires qui auraient manifesté leurs regrets pour l'ancien ordre de choses; etc. »

17. — Troubles graves à Estaing à l'occasion du recrutement.

20 et 21. — Soulèvement formidable à La Panouse, près Sévérac, au sujet du recrutement. Le commissaire envoyé sur les lieux fut contraint d'en venir aux mains avec les *rebelles*, au nombre de 1,200, tandis qu'il n'avait avec lui que 54 hommes. Il tua trois rebelles, dit-il dans son rapport, en blessa plusieurs et repoussa les autres. Ceci se passa le 20. Le 21, la bataille recommença. Des secours étaient arrivés de Millau au commissaire. A la tête de 520 hommes, il combattit 4,000 rebelles, en tua 50, fit 47 prisonniers et dispersa les ennemis, parmi lesquels figuraient beaucoup de gros propriétaires et de domestiques.

21. — En conséquence de la loi de cette date, formation dans chaque commune d'un comité de surveillance composé de 12 citoyens, à l'exclusion des ecclésiastiques, des ci-devant nobles, des seigneurs de l'endroit et de leurs agents.

22. — Arrêté du Directoire du département relatif à l'équipement et à l'armement des volontaires : « Article XII. Tous les bons citoyens et surtout les Sociétés des Amis de la République, sont invités, au nom de la liberté menacée, de procurer la plus grande quantité possible d'effets propres à armer ou équiper les volontaires. »

29. — Vérification par le Directoire des commissions données, le 9 du même mois, aux conventionnels Bo et Chabot (1), à l'effet de se transporter dans l'Aveyron et le Tarn « pour y instruire leurs concitoyens des nouveaux dangers de la patrie et de rassembler les forces suffisantes pour dissiper les ennemis ».

30. — Arrêté de Bo et Chabot dans le but d'accélérer le recrutement de l'armée.

31. — Exécution à Rodez du sieur Boudou, jeune conscrit, accusé d'avoir résisté à la loi ordonnant une levée en masse.

31. — Le Directoire du Tarn invite celui de l'Aveyron à faire cesser « le rassemblement très considérable » qui a lieu chaque dimanche à Saint-Crépin, près Roquecezière et Orient, pour entendre la messe d'un prêtre insermenté. « Un nombre incalculable, est-il dit, de personnes de tout sexe des communes voisines du district de Lacaune, dans notre département, abandonnent ce jour-là leur ménage pour s'y rendre, quoique à la distance de deux et trois lieues. »

---

(1) Voir la biographie de ces deux conventionnels dans ma *Biographie aveyronnaise.*

AVRIL

Avril, 4. — Bo et Chabot autorisent la suspension provisoire de tous les fonctionnaires publics du district de Sévérac suspectés d'incivisme. Le 7, cette suspension fut étendue à tout le département, et peu de jours après 18 municipalités, 20 juges de paix et les membres composant le tribunal d'Espalion furent suspendus.

6. — Bo et Chabot (François) établissent une taxe de guerre sur toutes les personnes qui ne s'étaient pas prononcées pour la Révolution.

8. — Arrêté des mêmes portant : qu'il ne sera laissé qu'une cloche par paroisse ; qu'il n'en sera pas laissé dans celles « où le tocsin de la révolte a sonné » ; que Saint-Amans de Rodez conservera la Mandarelle, la cloche de l'horloge et la seconde de la sonnerie ; que Notre-Dame de la même ville conservera aussi la Mandarelle, celle de l'horloge et celle appelée Marie.

9. — Arrêtés de Bo et de Chabot relatifs : à la formation du tableau des détenus pour cause de suspicion, d'incivisme, etc.; au désarmement des gens suspects ; à la réorganisation des gardes nationales ; à la formation dans chaque chef-lieu de district d'un comité de surveillance ; à la surveillance à exercer par les bons citoyens, et à la dénonciation de tous mouvements, rassemblements et démarches qui paraîtraient suspects.

11. — Les Directoires des districts sont invités, conformément au décret du 22 février précédent, d'envoyer sans retard la liste des localités dont les noms, pouvant rappeler la royauté ou la féodalité, seraient susceptibles d'être changés. Ainsi Lassouts devint Montrouge ; le Monastère-sous-Rodez, Bourg-la-Briane ; Onet-le-Château, Onet-la-Montagne ; Saint-Affrique, Montagne-sur-Sorgues ; Saint-Antonin, Libre-Val ; Saint-Beauzély, Libre-Muse ; Saint-Chély-d'Aubrac, Vallée-Libre ; Saint-Côme, Montagne-sur-Lot ; Sainte-Eulalie-du-Larzac, Source-Libre ; Sainte-Radegonde, Bel-Air ; Saint-Félix-sur-Sorgues, Félix-sur-

Sorgues; Saint-Geniez, Vallon-la-Montagne; Saint-George (district de Villefranche), Fonds-Fort; Saint-George-de-Camboulas, George-Camboulas; Saint-Hilaire, le Griffoul; Saint-Martin-de-Limouze, Limouze-la-Prade ; Saint-Mayme, Lauterne-les-Rodez ; Saint-Rome-de-Cernon, Fort-Cernon ; Saint-Rome-de-Tarn, Pont-Libre; Saint-Sernin, Roc-Montagne ; Sévérac-le-Château, Sévérac-la-Montagne ; Sévérac-l'Eglise, Sévérac-l'Union ; Salles-Comtaux, Salles-la-Source, la seule dénomination qui soit restée.

14. — Lettre des volontaires du deuxième bataillon de l'Aveyron à leurs compatriotes : « Entrevaux, 14 avril. Nous apprenons, chers et braves concitoyens, que les troubles qui, dans ce moment, déchirent le sein de notre patrie, se sont déjà manifestés dans le pays qui nous a vus naître. Mais à peine le monstre de l'aristocratie a-t-il osé lever sa tête altière, que vous vous êtes tous armés pour le terrasser... Ne négligez rien pour votre sûreté, chers concitoyens : vos vies nous sont plus chères que les nôtres. C'est pour les défendre que nous sommes aux frontières, et nous verserons jusqu'à la dernière goutte de notre sang pour vous débarrasser de nos ennemis du dehors, tandis que vous achèverez d'exterminer ceux du dedans. »

17. — 60 volontaires, à la veille de se rendre aux frontières, se présentent devant le Conseil du département. Voici un extrait du procès-verbal de la séance : « Le Conseil du département, par l'organe du Président, a témoigné sa satisfaction à ces généreux défenseurs de la République; il leur a dit : Animés comme vous l'êtes de l'enthousiasme sacré de la liberté et de la sainte horreur du despotisme, vous êtes invincibles. Souvenez-vous de la gloire qu'acquièrent chaque jour nos braves frères d'armes à l'armée du Var. Le général Rossi les appelle son bras droit. Soyez le digne soutien du nom Aveyronnais. Partez, exterminez nos ennemis, et revenez dans nos bras entendre les bénédictions d'un peuple dont vous aurez affermi le bonheur. — Un de ces braves volontaires a demandé la parole et a dit : Citoyens, nous sommes quatre frères ; nous partons tous pour la défense de la République; nous vous laissons un père aveugle, âgé de 90 ans et sans ressource; nous sommes sourds à la voix de la nature lorsqu'il s'agit de la défense de la patrie. Citoyens administrateurs, la République aura en nous des soldats qui sauront braver la mort. Nous espérons que notre père, qui ne peut éviter les horreurs de la famine, trouvera en vous des compatriotes sensibles et généreux. Notre nom est Raynal, de Las-Fabreguettes, paroisse de Mayran. — Un autre de ses camarades a demandé la parole et a dit : Citoyens, je vais défendre la patrie; je laisse à mes concitoyens une épouse infirme, une fille muette et deux enfants en bas-âge; je connais la générosité de mes compatriotes; je pars tranquille et satisfait; je vais joindre un autre de mes enfants et un frère qui sont aux frontières; mon nom est Laviale, de Calmont. — Le Président leur a répondu : Généreux citoyens, volez à la défense de nos frontières et nous volerons au secours de vos pères, de vos enfants et de toute votre famille. Nous vous promettons de partager avec eux le dernier morceau de notre subsistance avant qu'ils manquent du nécessaire. »

17. — Arrêté de Bo et de Chabot, en vertu duquel de nombreuses épurations eurent lieu parmi les fonctionnaires du district du Mur-de-Barrez.

20. — Constitution du comité de surveillance de Saint-Affrique par les administrateurs du district et les députés de la Société des républicains de cette ville. Le procureur syndic écrivit à ce sujet au procureur-général syndic une lettre où l'on remarque le passage suivant : « Les actes de justice que fera ce comité assureront la punition du coupable et la découverte de toutes les machinations que ne manquent pas de pratiquer les aristocrates et les malveillants pour chercher à nous ravir la liberté, qui nous a déjà coûté tant de sang et que nous aurons, dussions-nous tous périr. »

20. — Arrêté du département relatif aux gens suspects : « Article 1ᵉʳ. Les municipalités ou, à leur défaut, les Directoires de district indiqueront de suite à celui du département les noms, surnoms et qualités des gens suspects et inciviques résidant dans leur arrondissement.

— Art. 2. Toutes personnes notoirement suspectes d'incivisme, et notamment les ci-devant nobles dont la présence peut être un obstacle à la propagation des principes de la Révolution dans le sein de leur résidence, seront tenus de se rendre dans trois jours, à compter de la notification qui leur en sera faite par le Directoire du département, dans le lieu qui leur sera par lui désigné ; etc. »

Le Conseil du département « considérant qu'il n'est rien de plus intéressant, pour affermir la liberté et l'égalité, que de détruire jusqu'aux étincelles de l'aristocratie et du fanatisme expirants, etc., arrête que les certificats délivrés par des officiers de santé aux prêtres infirmes, dans le but d'obtenir un sursis à l'exécution de la loi du 26 août 1792 (cette loi prononçait dans certains cas la déportation à la Guyane), sont et demeurent annulés ».

29. — Arrêté de Bo et Chabot enjoignant de dresser dans le Tarn et l'Aveyron un état des personnes détenues et des motifs de leur détention.

MAI

Mai, 1er. — Formation à Sévérac-le-Château de la Société des Amis de la Liberté et de l'Égalité.

3. — Arrêté du Conseil du département relatif aux ecclésiastiques et religieux insermentés. Il fut motivé par la découverte de lettres, mémoires et consultations traitant des questions du moment. Art 1er. Tout ecclésiastique, soit séculier, soit ci-devant régulier, salarié ou non par la nation, tout frère convers ou lais qui aura prêté le serment civique conformément à la loi du 15 août 1792 avant le 23 mars dernier, sera tenu de le renouveler dans trois jours après la publication du présent arrêté; etc. — Art. 2. Tous les susdits ecclésiastiques, frères convers ou lais qui, dans le délai ci-desssus, n'auront pas justifié avoir renouvelé ledit serment, sont tenus de se rendre au chef-lieu du département, où le Directoire statuera sur leur sort, soit pour la réclusion, soit pour la déportation ; etc.

4. — Autre arrêté du même Conseil autorisant les municipalités pourvues d'un bureau de poste à nommer deux citoyens pour surveiller l'ouverture des paquets et des lettres, en prendre connaissance en présence des destinataires dûment appelés, et à empêcher la circulation dans le département « des papiers nouvelles : *La Révolution de 1792 ; le Bulletin national ; l'Abréviateur universel* ».

4. — La municipalité de Saint-Affrique envoie aux administrateurs du département une première liste de gens suspects, au nombre de 57.

4. — Appel des administrateurs du département à leurs concitoyens ; il débute ainsi : Entendez-vous le cri de la patrie ? Citoyens, sa voix vous appelle ; armez vos bras et marchez à la victoire ; si c'est un sacrifice, de grandes circonstances l'exigent. Les représentants du peuple, députés à l'armée des Pyrénées-Orientales, nous disent que les satellites du fanatique tyran des Espagnols souillent le territoire de la République, et nous requièrent de marcher au secours de nos frères ; partez et faites repentir de tant d'audace les ennemis de notre liberté.

5. — Répartition de la taxe progressive de guerre, établie, le 6 avril précédent, par les représentants du peuple délégués dans les départements du Tarn et de l'Aveyron, et qui devait frapper les personnes suspectes, celles qui ne s'étaient pas prononcées pour la Révolution ou qui n'avaient pas donné des preuves d'un civisme courageux et désintéressé. Le préambule de la répartition pour le district de Rodez porte : « Le mot *modéré* comprend ceux qui n'ont pas fait preuve d'un civisme courageux et désintéressé ou qui ont été fanatisés par leurs prêtres. Le mot *suspect*, ceux qui, également fanatisés, ne se sont pas prononcés pour la Révolution et ont voulu attendre le moment favorable pour l'un des deux partis pour se décider. — Le mot *incivique* comprend ceux qui ont paru se ranger du côté des ennemis de la Révolution, quoiqu'ils n'aient pas publiquement agi pour propager leurs principes. — Les mots *ennemi de la Révolution* comprennent ceux qui ont propagé leurs principes anticiviques, qui se sont déclarés ouvertement et improuvent la Révolution,

ses bases et les lois, et dont la présence est nuisible dans le lieu de la résidence actuelle, qui par conséquent..., etc. »

6. — Organisation d'un comité de surveillance à Saint-Mayme, près Rodez. « Ce comité, composé des individus bons patriotes des villages et hameaux de la commune, n'est établi que pour suivre les détours ténébreux dans lesquels se replient les ennemis de la chose publique et d'en recueillir les preuves, les examiner dans le conseil de la commune; de surveiller les étrangers qui viendront dans la commune, surtout chez les maisons suspectes, afin d'adresser au comité de sûreté générale du département le résultat des opérations. »

9. — La liste des gens suspects de la commune d'Espalion, dressée par la municipalité et le comité de surveillance, comprend cent noms.

10. — Le Conseil du département, informé que, par décret du 3 avril précédent, les représentants du peuple Bo et Chabot sont rappelés au sein de la Convention, arrête, ouï le procureur-général syndic, que son président sera chargé d'écrire aux citoyens Bo et Chabot pour leur témoigner sa reconnaissance pour tout le bien qu'ils ont opéré dans l'étendue du département par leur zèle et leur énergie et l'impartialité la plus absolue dans les mesures de rigueur qu'ils ont été forcés de prendre; arrête encore qu'expédition du présent sera adressée à la Convention nationale et aux districts du département.

13. — Départ des prisons de Rodez des 47 personnes accusées d'être les principaux fauteurs du soulèvement qui avait eu lieu à Sévérac.

17. — Arrêté relatif aux souliers réquisitionnés pour les 800 gardes nationaux qui allaient être dirigés sur Perpignan. L'agent national de Manhac (district de Sauveterre) répond qu'aucun citoyen de cette commune ne possède deux paires de souliers et ne peut conséquemment fournir la paire demandée; que plusieurs même n'en ont pas du tout et qu'ils sont souvent embarrassés pour trouver des chaussures en bois. Celui de Cabanes répond que personne dans sa commune n'a deux paires de souliers et que même le tiers de ses concitoyens n'en a pas du tout.

21. — « La Société populaire de Réquista à la Société de Rodez, salut et fraternité. Et nous aussi nous sommes sans-culottes; à peine réunis en Société, nous députons vers vous comme à la Société mère du département de l'Aveiron. Si vous nous adoptez pour vos enfants, dirigez nos premiers travaux, donnez-nous des règlements, apprenez-nous surtout à propager les bons principes. En attendant, nous allons planter l'arbre de la Fraternité; nous espérons que cet arbre, élevé sous vos auspices, produira des fruits utiles à la République. Nous sommes avec fraternité et en vrais républicains vos frères et amis, les sans-culottes de Réquista. »

26. — De nombreuses lettres adressées au département informent que des rassemblements considérables « de brigands » ont lieu sur les montagnes d'Aubrac. On lit dans l'une d'elles : « La municipalité et la garde nationale de Saint-Côme sont en permanence... Ne méprisons pas cet attroupement; ayons devant les yeux l'exemple de la Vendée : on ne s'est aperçu du mal qu'au moment où il a été bien difficile d'y porter remède; marchons tous et marchons vite. »

27. — Lettre de La Canourgue au sujet des susdits rassemblements. On y trouve ce passage : « Nos alarmes sont des plus vives; l'armée du contre-révolutionnaire Charrier se grossit tous les jours. L'on assure qu'il y a maintenant beaucoup de monde et vous savez qu'il a déjà assiégé et pris Marvéjols. Il a fait abattre l'arbre de la Liberté; il a fait enlever toutes les cocardes tricolores et en a fait substituer de blanches. Il ne cesse de crier et de faire crier par sa troupe et par les citoyens de la ville : *Vive le Roi! et au diable la nation! Vive la religion catholique!*... Il a fait attacher environ cinquante chefs de famille au milieu de la place de Marvéjols, les bras derrière. Il vient d'envoyer ce jourd'hui à notre municipalité un écrit vraiment abominable; nous ne l'avons pas sous les yeux, mais il est à peu près de cette manière : « De par le Roy et de M^r le Régent, il est ordonné à la municipalité de La Canourgue de faire assembler de suite sa garde nationale et de l'envoyer à Marvéjols pour l'armée chrétienne du Midi, et cela par la voix du tocsin, sous peine d'être poursuivis criminellement et de confiscation de leurs biens. »

27. — Réquisition de la « brave garde nationale » de Villefranche pour dissiper les rassemblements formés sur la frontière de la Lozère.

28. — Lettre écrite de La Canourgue ; il y est dit : « Les révoltés, qu'on dit être au nombre de 10,000, ont fait ce matin, à deux heures, leur entrée dans Mende sans la moindre résistance ; il n'y est pas resté un seul homme ; tous ont été se réfugier au voisinage ; le Département a été s'établir à Florac. Toutes les communes se rangent du côté de ces brigands, qui mettent en otage tous les corps constitués. »

Engagement, près de Rieutort, entre les républicains et les rebelles. Ceux-ci, d'après une correspondance, eurent 45 morts et il leur fut fait 38 prisonniers.

Le Directoire avise le district de Villefranche que Marvéjols est au pouvoir des révoltés, mais que de toutes parts on vole contre eux. « Pressez donc le départ des hommes qui ont été requis chez vous, si vous voulez qu'ils ayent part à cette expédition. Nous prévoyons qu'elle sera heureuse et rapide. »

Un espion rapporte que La Canourgue a été sommée de se rendre au général Charrier, commandant, au nom du Roy, de l'armée chrétienne du Midi. « Il est une heure après-midi, écrit-on de Saint-Geniez au Conseil du département ; la troupe est hors de Saint-Geniez ; mais nous sommes bien en peine de faire traîner les canons. Notre troupe n'a pas peur ; à l'arrivée de la nouvelle portée par l'espion, elle était sous les armes ; nous faisions le recensement des détachements et l'inspection des armes ; à l'instant l'hymne des Marseillais. »

29. — Lettre du citoyen R... au sujet de la reprise de Marvéjols : « Nous voilà arrivés à Marvéjols depuis une heure ; la ville était encore au pouvoir d'une troupe de brigands qui en gardaient les portes lorsque notre troupe y est arrivée. En un clin-d'œil nos braves Millavès en ont fait la circonvallation, et la cavalerie a exécuté cette manœu-

vre avec une célérité digne d'une troupe de ligne. Après avoir fermé toutes les avenues, on a sommé les brigands de mettre bas les armes; ils ont opposé de la résistance. Après plusieurs sommations réitérées, on leur a tiré dessus; on évalue les morts à une vingtaine; plus de 80 ont été faits prisonniers; un grand nombre n'ont trouvé leur salut qu'en passant la rivière; il y en a eu plusieurs qui se sont précipités du pont en bas... La ville a été tout à la fois le théâtre de la joie et du carnage; on faisait la farandolle dans les rues et, chemin faisant, on fusillait les brigands qui cherchaient à s'échapper. Le calme a succédé à ces scènes de joie et de carnage; pas un patriote d'égratigné jusqu'ici et tous brûlent d'engager une affaire générale. »

30. — Le comité du salut public du département enjoint à Pons aîné, de Soulages; Clausel frères, de Coussergues, et à Rozier « fils à l'ex-président de Millau », suspects d'incivisme, de se rendre à Villefranche et d'y rester jusqu'à nouvel ordre.

Les troupes de Charrier sont victorieuses à Chanac. On lit à ce sujet dans une lettre écrite de Saint-Geniez : « Nous venons de recevoir une mauvaise nouvelle : nos forces ont été attaquées à Chanac et entièrement dispersées. L'artillerie est tombée au pouvoir de l'ennemi; cette déroute ne nous coûte qu'une perte de trois hommes. Il paraît que le désordre s'est mis dans le détachement et qu'on a fui sans combattre. »

Le même jour, les troupes républicaines reprennent Mende, défendu par Charrier. Cette nouvelle est annoncée aux administrateurs de Meyrueis par la lettre suivante d'un administrateur de la Lozère, en date du 31, 8 heures du matin : « Dans le moment, un gendarme d'ordonnance nous porte la nouvelle de la prise de Mende. Le citoyen Filhon, administrateur de Saint-Chély (d'Apcher), à la tête de 4,000 hommes, y entra hier trente au soir; il nous l'écrit. Mais Charrier est échappé; son armée est dissipée; on va en poursuivre les restes. Voilà la fin de la guerre civile; je ne vous en dis pas davantage : c'est beaucoup pour une fois. Voilà de quoi rabattre la joie des malveillants. »

JUIN

Juin, 1ᵉʳ. — Lagasquie, commissaire délégué par l'administration du Lot dans le district de Figeac, écrit aux administrateurs de l'Aveyron pour lui annoncer l'envoi de troupes de renfort et lui demander des renseignements sur la situation du département. On remarque dans cette lettre les passages suivants : « Si vous éprouvés de nouveaux besoins, parlés ; la moitié de notre département viendra partager vos périls et votre gloire, et l'autre moitié est prête à fondre sur les brigands de la Vendée....... Avés vous des motifs suffisants pour ne pas craindre que quelques uns de vos districts soient disposés à partager l'égarement ou la scelératesse des partisans de la Lozère? Pouvés vous compter, pouvons nous être tranquille sur le compte du district d'Aubin ? Il est de fait que cette partie du département renferme 60 ou 80 prêtres au moins de notre territoire, et sans doute beaucoup de vos loupgarous sacerdotaux se sont réunis à eux, vous sentés qu'un pays qui ouvre son sein aux plus redoutables de nos ennemis ne peut qu'inspirer de l'inquiétude et de la méfiance..... N'épargnés ni hommes ni argent pour nous faire parvenir rapidement les nouvelles bonnes ou mauvaises. Quand à ces dernières, exagerés les plutot que de les attenuer. C'est pour nous avoir laissé ignorer a demi la situation de la Vendée, que la guerre civile a pris un caractère si effroyant au sein de la République. Le conseil du département du Lot m'a délégué dans le district de Figeac pour y suivre les événements, les maitriser et les faire tourner au profit de la patrie. Je suis disposé à prévoir et prévenir vos besoins et vos désirs. Rien n'est au dessus de mon courage que la mort. Salut et fraternité. »

Il fut répondu le même jour à cette lettre. Voici quelques passages de la réponse : « Nos troupes après avoir eu un premier avantage mercredi dernier (29 mai 1793), en reprenant Marvéjols et dissipant un poste avancé des ennemis dont ils ont tué environ 150 ou 200, éprouvèrent le lendemain un échet et laissèrent quatre pièces de canon à Chanac. Une terreur panique s'empara d'une partie du détachement, les chefs disparurent, et ne sachant ou se rallier, dans le moment tout se dispersa. Il y eut à peu près six hommes de tués de notre côté et quelques blessés. Ce revers n'est dû qu'à l'inexpérience des chefs..... La force départementale du Cantal a repris depuis la ville de Mende dont Charrié s'était emparé. On ne sait dans ce moment ce qu'il est devenu. Il rôde sans doute sur les montagnes, mais il n'a pas osé encore faire des tentatives. Sévérac et Saint-Geniez sont les deux points sur lesquels il pourrait se porter, et nous y avons des forces suffisantes pour le repousser. Outre les forces de notre département et celles de la Haute-Loire et du Cantal qui sont sur les lieux, nous en attendons du Tarn, de l'Hérault. Il est même sûr, quoique la nouvelle ne soit pas parvenue officiellement, que le Gard a envoyé des troupes. Nous avons demandé un général à l'armée des Pyrénées et à Nîmes, avec des munitions de guerre. »

2. — Lettre du procureur-général syndic de la Lozère annonçant à l'administration de l'Aveyron la défaite de Charrier. On y lit : « Les secours qui nous arrivaient de toute part étaient incalculables; en moins de huit jours cent mille hommes auraient été autour de nous. Cet aspect imposant, qui sera connu de la nation entière, est bien seul capable de prouver aux ennemis de la liberté que les conspirateurs tenteront inutilement de l'avilir ou de la perdre. »

Le Conseil du département, réuni aux commissaires des neuf districts, procède à la répartition des 800 hommes destinés à l'armée des Pyrénées-Orientales. La population de l'Aveyron était alors de 341,000 habitants. Avant l'opération, il y eut un discours dont voici un extrait : « Citoyens, le territoire de la République est violé : les Espagnols se montrent déjà sur la terre de la liberté. Il n'est plus temps de se dissimuler le danger que courent nos frontières et nos frères; il faut voler à leur secours. On nous demande 800 hommes, c'est-à-dire 800 soldats dont le dévouement, les vertus et le courage républicains puissent en imposer à nos ennemis..... Rappelez-vous, citoyens, que vous vous adressez à ces mêmes districts où dans quinze jours vous avez levé plus de cinq mille soldats. Vous trouverez encore ces campagnes où le recrutement s'opère en dansant autour de l'arbre de la Liberté. Vous trouverez ces villes où l'autel de la Patrie est toujours environné de véritables volontaires. Donnez un libre essor à leur valeur et vous les verrez voler à la victoire. »

3. — Les conventionnels Châteauneuf-Randon et Mailho sont envoyés en mission dans les départements de la Lozère, du Puy-de-Dôme, du Cantal, de l'Aveyron, de la Haute-Loire, de l'Ardèche et du Gard, avec tous pouvoirs pour arrêter la sédition, en faire punir les auteurs, complices et adhérents; etc.

4. — Charrier, sa femme et Jean-Pierre Laporte, de Nasbinals, sont arrêtés à l'entrée de la nuit dans une cachette pratiquée au-dessous de la porte de la grange de son domaine de Prégand. On y saisit un porte-manteau contenant un habit, une veste et une paire de culottes, uniforme bleu, revers, collet et parements blancs, boutons avec ces mots : La Loi, le Roi. Charrier avait sur lui 3,600 livres en or, 900 livres environ en écus de 6 livres qui furent confisquées, ainsi que trois pistolets, deux fusils à deux coups, un fusil de munition, un sabre, une épée à monture d'acier et quelques papiers.

Le lendemain, le président de l'administration du département de l'Aveyron écrivait à la Convention : « Représentants, le Conseil me charge de vous annoncer l'heureuse nouvelle de l'entière dissolution des rebelles de la Lozère et de l'arrestation de Charrier leur chef. Il a siégé où vous siégez aujourd'hui; il a pu se couvrir de gloire; il est dans les fers. Tous les départements voisins se sont levés en masse et, soudain, cette armée de contre-révolutionnaires a disparu de sur la terre de la liberté. C'est le 5 de ce mois que ce *commandant de l'armée chrétienne du Midi* a été conduit dans nos prisons. Cet événement, remarquable pour tous les départements du Midi, nous a paru assez intéressant pour toute la République pour mériter de vous être annoncé par un courrier extraordinaire. Respect, salut et fraternité. »

8. — Lettre du Directoire du département aux juges et à l'accusateur public du tribunal criminel du même département : « Vous n'ignorez pas l'arrestation de l'infame Charrier, chef des révoltés de la Lozère; l'interrogatoire qu'il a prêté devant les membres de notre comité de salut public ne laisse aucun doute sur la compétence qui vous est attribuée par le décret de la Convention nationale du 7 avril dernier; et comme le jugement de ce grand coupable importe essentiellement au salut de la chose publique, nous vous invitons de vous transporter dans le plus court délai possible au chef lieu du département pour vous occuper de ce jugement. La tranquillité publique exige cette mesure, et nous osons espérer que toutes affaires cessantes vous vous rendrez à nos désirs. Au reste, conformément aux dispositions de la susdite loi, notre lettre vous servira de réquisition. »

10. — Formation d'un comité de surveillance au Mas-del-Causse, chef-lieu de municipalité, district de Villefranche.

12. — Les membres composant le Directoire du département, « révoltés de l'incivisme que les officiers et les notables de la commune de Najac affichent depuis le commencement de la Révolution, persuadés qu'un plus long exercice de leurs fonctions perpétuerait le désordre qui règne dans cette commune et la protection ouverte qu'y trouvent les ennemis de la chose publique », suspendent le Conseil général de ladite commune et nomment une administration provisoire.

14. — Gratien Jourdié, vicaire de Sévérac, subit la peine capitale à Mende.

15. — Les Directoires des districts sont invités à assurer l'exécution de la loi du 18 août 1792, qui supprime les costumes ecclésiastiques, religieux et des congrégations séculières.

17. — Les administrations des districts sont invitées à envoyer au chef-lieu du département un délégué, pour aviser, de concert avec le Conseil dudit département, aux « moyens de sauver la République ».

18. — La Convention décrète que les gardes nationales de la Lozère et de l'Aveyron ont bien mérité de la patrie, en dispersant les brigands introduits par Charrier dans le premier de ces départements, et qu'il sera accordé des secours aux familles de ceux qui ont péri sous le fer des rebelles.

21. — Arrêté du département promettant des récompenses à ceux qui arrêteraient les chefs de l'armée de Charrier.

23. — L'administration du Gard félicite celle de l'Aveyron de s'être opposée « au projet de translation du traître Charrier à Paris ».

24. — Mesures ordonnées dans le but « de remédier aux abus et brigandages qui ont eu lieu à la suite de la campagne de la Lozère ».

Le Conseil du département délibère sur le désarmement qui avait été opéré trop légèrement et sans cause de suspicion reconnue. Il décide que les armes confisquées ne seront pas laissées dans les communes, surtout dans celles avoisinant « les repaires où se sont réfugiés ces restes de brigands que Charrier avait réunis ».

25. — La Convention décrète que Godefroy Izard de Valady, l'un de ses membres, qui s'est absenté sans cause, sera remplacé. Des trois suppléants nommés, le troisième seul, résidant au Mur-de-Barrez, accepta d'aller siéger à la place dudit de Valady.

27. — Le Conseil du département, réuni aux autorités constituées de la ville de Rodez, arrête les termes d'une adresse à la Convention et au ministre de l'intérieur. Cette pièce est trop importante pour ne pas être reproduite; la voici : « Citoyens, dès l'origine de la Convention nationale, deux partis divisèrent ses membres; division fatale, qui seule est la cause de tous nos maux. Bientôt on vit s'élever une minorité factieuse et turbulente qui, excitant le peuple par des motions incendiaires et le flattant pour usurper sa faveur, forma le complot liberticide d'asservir la majorité. Elle se fit un système d'avilir sans cesse la Convention et de verser l'opprobre à pleine coupe sur le plus grand nombre de ses membres; ceux-là même qui avaient renversé le trône furent accusés d'être royalistes; le nom odieux de Feuillans et d'hommes d'Etat fut donné à ceux qui n'approuvaient pas des mesures révolutionnaires qui compromettaient la sûreté des bons citoyens. Des hommes courageux ne cessaient de combattre et de démasquer ces ennemis du bonheur du peuple, lorsqu'il éclata, le 10 mars, une conjuration contre la représentation nationale. On devait fermer les barrières, sonner le tocsin et égorger une partie des représentants. Dans des circonstances aussi critiques, la Convention crée une commission extraordinaire de douze de ses membres pour déjouer les trames ourdies contre la représentation nationale. Les dangers étant devenus plus pressants, l'assemblée, le 24 mai, fait un appel aux bons citoyens et met sous leur sauvegarde spéciale la fortune publique et la représentation nationale.

La commission des douze annonce qu'elle a découvert un nouveau complot qui compromet le salut de la République; elle assure, sur la tête de ses membres, qu'elle a en main des preuves authentiques; et lorsqu'elle est prête à rapporter ses preuves et à faire connaître de grands coupables, sa voix est étouffée par les clameurs des tribunes. Le tocsin sonne, les barrières sont fermées, le canon d'alarme est tiré, la générale bat; quarante mille hommes armés investissent la Convention et la forcent, par la puissance des canons, des baïonnettes et des piques, à casser la commission des douze, à mettre en état d'arrestation trente-deux de ses membres, sans qu'on eût constaté, ni même articulé contre eux aucun crime, et à déclarer à la face de la nation qu'elle était libre lorsqu'elle avait violé ce qu'il y a de plus sacré parmi les hommes.

Le Conseil général du département de l'Aveiron, révolté des attentats commis dans la journée du 31 mai et jours suivants, persuadé que dans des circonstances aussi graves il ne pouvait s'entourer de trop de lumières, a invité à une conférence générale les membres de l'administration du district, des tribunaux et de la commune de Rodez. Ces divers corps réunis, après une discussion qui s'est prolongée pendant deux jours, ont déclaré qu'il était évident pour eux que dans les séances désastreuses du 31 mai, 1er, 2 et 3 juin, la Convention nationale n'était point libre.

Eh! comment auraient-ils pu croire un seul instant que les délégués du peuple étaient libres:

Lorsque c'est pour la première fois que la Convention a cru nécessaire d'avoir recours à des précautions oratoires pour convaincre ses commettants qu'elle jouissait d'une liberté entière?

Lorsque la Convention a accueilli, sous les baïonnettes, une dénonciation contre vingt-deux de ses membres qu'elle venait de repousser comme calomnieuse, en déclarant par un décret que ces mêmes membres méritaient la confiance de la représentation nationale?

Lorsque la Convention, par cinq décrets consécutifs, n'a pu réprimer la frénétique audace des tribunes et se soustraire au *veto* de leurs horribles vociférations?

Lorsque la Convention a supprimé la commission des douze dans le moment où elle offrait de rapporter des preuves authentiques d'un complot qui compromettait le salut de la République, tandis que les auteurs de ces complots criminels étaient les seuls intéressés à étouffer la voix qui allait dévoiler leurs forfaits?

Lorsque après des insurrections multipliées, le canon d'alarme tiré, le tocsin sonné, la générale battue plusieurs fois; lorsque au milieu de quarante mille baïonnettes, sans énoncer aucun motif, sans présenter aucun prétexte, sans articuler un seul fait, la Convention a violé par un attentat qui n'a point d'exemple dans les annales des peuples, les droits de l'homme, en privant trente-deux de ses membres de la liberté des citoyens, et les droits du souverain, en enlevant à leurs fonctions les délégués du peuple; tandis que cette même Convention, lors de la dénonciation portée contre Marat, ce prédicateur effréné du pillage et de l'assassinat, ne l'avait décrété d'accusation qu'après l'avoir entendu, qu'après un rapport préalable et qu'après avoir discuté pendant plusieurs séances les preuves des délits constans et notoires dont il était prévenu

Lorsque la Convention a souffert que des autorités illégales, monstrueuses et tyranniques se soient élevées sous ses yeux, que le secret des pensées fut violé, que les conspirateurs du 10 mars et ceux qui ont fait tirer le canon d'alarme soient restés impunis ?

Le Conseil général et les autorités constituées de Rodez ne se sont pas bornés à cette simple déclaration; ils ont arrêté qu'il serait fait une adresse à la Convention, qui lui serait portée par deux commissaires, pour demander le rapport du décret qui mettait en état d'arrestation trente-deux de ses membres; que le comité des douze fut reçu à faire son rapport sur les complots tramés contre la représentation nationale; et pour annoncer que le peuple de ce département était très disposé à appuyer la justice de ses réclamations par la force des armes, si les factieux continuaient à tyranniser la Convention; que les Conseils des neufs districts seraient invités à nommer un commissaire pour se réunir aux autorités constituées rassemblées dans le chef-lieu du département. Déjà les villes de Villefranche, de Millau, de Saint-Geniez, de Saint-Affrique et de Saint-Rome-de-Tarn, se sont empressées de nous faire part de leur adhésion. La grande majorité des départements s'est élevée à la fois et d'un commun accord pour retirer la Convention nationale de l'état d'avilissement où elle était plongée; tous, dans des arrêtés, ont pris les mesures de salut public qu'exigeait la gravité des circonstances. Parmi ces diverses mesures, qui nous ont été communiquées, nous vous proposerons celle adoptée par le département de la Gironde, qui nous a paru la plus propre à sauver la chose publique. Les communes de ce département ont déclaré qu'elles s'élevaient contre la tyrannie, qu'elles reprenaient leurs droits et en confiaient l'exercice aux divers corps administratifs et judiciaires réunis en assemblée générale au chef-lieu du département.

Citoyens, vous êtes républicains et vous vous couvririez aux yeux de l'univers d'un opprobre éternel en courbant vos têtes sous le joug d'une faction désorganisatrice ! Et vous souffririez que le Conseil d'une commune, qui ne s'est rendue célèbre que par les énormes déprédations de la fortune publique, vous dictât des lois !

Les sacrifices inspirés par le patriotisme le plus pur, qui se sont mille fois reproduits pendant l'espace de quatre années, ne seront point perdus; des flots de sang versés par des héros patriotes, n'auront pas coulé en vain; croyons-en le serment que nous avons fait de vivre libres ou de mourir.

Lorsque des factieux conspirent la dissolution et la ruine de la République, c'est aux vrais amis de la liberté à conspirer pour son salut. Levons-nous en masse avec nos frères des départements; écrasons ces assassins du 2 septembre, ces conspirateurs du 10 mars et du 31 mai, cette horde de brigands pour qui la propriété et la sûreté ne sont que de vains noms; qui, secouant les torches de la discorde, jettent le trouble et la méfiance dans tous les cœurs; qui égarent le peuple et le poussent à des excès destructeurs des arts, du commerce et de l'industrie, le précipitent dans un abyme de misères et de calamités; qui, semblables à ces ministres farouches de l'Inquisition, qui ne prêchent un Dieu de miséricorde qu'entourés de bûchers, ne parlent de liberté qu'au milieu des poignards et des bourreaux, ces hommes enfin qui ont dévoué la France à l'anéantissement de toutes les lois, aux horreurs de la guerre civile et au fléau de la tyrannie.

Ce sont ces mêmes factieux qui vous annoncent qu'il faut encore une révolution; mais lorsque les statues de la Liberté et de l'Egalité sont sur le trône, lorsque l'exercice de la souveraineté est confié à la représentation nationale, il ne peut y avoir d'autre révolution que celle des propriétés ou de la loi agraire, et celle qui nous ramènerait au despotisme. Repoussez loin de vous les discours empoisonnés de ces êtres pervers; les soudoyés de Pith et de Cobourg ne vous tiendront pas un autre langage.

Arrachons la Convention nationale à la tyrannie qui l'opprime; rendons-lui la liberté, le calme et la majesté qu'elle doit avoir pour exprimer dignement la volonté d'un grand peuple. Rallions-nous aux vrais amis de l'unité et de l'indivisibilité de la République; que tous nos vœux, que tous nos efforts tendent sans relâche à rétablir le bon ordre dans toutes les parties de la France; soyons unis, prudents et fermes, et la patrie sera sauvée.

Après avoir entendu la lecture de l'adresse ci-dessus et discuté sur son contenu, il est arrêté qu'elle sera transcrite sur le registre, imprimée et envoyée à tous les districts, municipalités et Sociétés populaires du ressort, aux 85 départements, à la Convention nationale et au ministre de l'intérieur.

« Délibéré en séance publique, à Rodez, le 27 juin 1793, l'an II de la République française. — Flaugergues, président ; Combes, secrétaire général. »

Le Conseil du district de Mur-de-Barrez, la Société populaire de cette petite ville et celle de Thérondels improuvèrent l'adresse ci-dessus et déclarèrent adhérer aux « grandes mesures prises le 31 mai et dans les premiers jours de juin » par la Convention.

JUILLET

Juillet, 6. — Lettre du ministre de la justice relative au jugement de Charrier : « La Convention nationale, citoyens, a ordonné par un premier décret de ce jour que le tribunal criminel du département de l'Aveyron jugerait sans appel Charrier, accusé d'être le chef de la conspiration du département de la Lozère, et ses complices ; et que les représentants du peuple envoyés dans le département de la Lozère se transporteraient à Rhodez où, conjointement avec deux membres du département de l'Aveyron et deux de la municipalité et de la Société populaire de Rhodez, ils recevraient les déclarations de Charrier. Par le second décret, la Convention nationale détermine les formes de l'instruction du procès. Je vous envoie une expédition de ces deux décrets, dont je vous prie de m'accuser la réception, et je vous préviens que j'ai également adressé une expédition du premier aux représentants du peuple à Mende, avec lesquels vous voudrez bien vous concerter aussitôt après leur arrivée pour l'exécution de ce décret. — Le ministre de l'intérieur, Gohier.

10. — Les représentants du peuple Châteauneuf-Randon et Mailhe envoient de Saint-Chély (Lozère), aux administrateurs de l'Aveyron un paquet de dépêches parmi lesquelles se trouve « le décret relatif à Charrier ». Ils les informent qu'ils seront le 13 à Rodez pour interroger cet accusé; et ils ajoutent : « A Chanac, à La Malène, à Recoules ou Saint-Urcise se sont formés divers pelotons d'échappés. L'on est aujourd'hui au Bois-Noir de La Margeride; demain l'on ira et l'on entourera tous ces scélérats. »

11. — Dissolution du comité de surveillance de Saint-Geniez, coupable, entre autres méfaits, d'avoir réparti la taxe de guerre « avec une inégalité et partialité révoltante, » et d'avoir « toujours renchéri en rigueur sur les lois, ce qui est un mal en politique et en morale ».

12. — A cette date, le district de Rodez avait envoyé, à l'hôtel des monnaies de Toulouse, 29 cloches pesant ensemble 11,577 livres, poids de marc.

Décret traduisant à la barre de la Convention les citoyens Flaugergues, président de l'Administration de l'Aveyron, et Géraldy, professeur au collège de Rodez.

13. — Etablissement d'une force départementale composée d'un bataillon de troupes à pied et de deux escadrons à cheval, et qui ne devait servir que dans l'Aveyron.

16. — Condamnation à mort de « Marc-Antoine Charrier, notaire de la commune de Nasbinals ». Son exécution eut lieu le même jour, à trois heures du soir.

19. — Réquisition de troupes pour l'armée des Pyrénées, suivie d'une proclamation des membres du Conseil du département à leurs concitoyens. En voici un passage : « Lorsqu'on préfère le plus honteux esclavage au salut de sa patrie, il est inutile de faire verser le sang de vos frères qui sont aux prises avec l'ennemi; dites-leur une fois pour toutes : cessez de combattre pour nous préserver de la barbarie des tyrans qui veulent nous égorger : leurs chaînes nous seront plus douces que la liberté que vous voulez affermir au péril de votre vie. »

22. — Décret de la Convention qui rapporte celui du 12 du même mois au sujet de Flaugergues et de Géraldy.

AOUT

10. — Nouveau rassemblement contre-révolutionnaire dans la Lozère. Les gardes nationales du district de Saint-Geniez sont tenues en réquisition permanente. — Le Directoire de Sévérac est informé de la prochaine arrivée de 15 canonniers de Millau, 15 de Villefranche, et de 20 fusiliers de Rodez, pour garder le fort.

Villefranche fête avec grande solennité l'anniversaire du 10 août 1792. Les préparatifs, à la charge du district, coûtèrent 542 livres 13 sous.

20. — Le Conseil général du district de Rodez prend un arrêté relatif aux certificats de civisme à délivrer aux notaires de ce district. Cette ville avait alors huit notaires, dont quatre se virent refuser ce certificat.

SEPTEMBRE

4. — Le général Bonnet, commandant en chef l'armée des Pyrénées-Orientales, écrit au Directoire de l'Aveyron : « L'ennemi est au moment de couper les communications de Perpignan. J'ai laissé dans cette ville toutes les forces qui y étaient; je suis venu rassembler celles qui arrivaient à Salses; je suis venu diriger ce mouvement général qui doit balayer de dessus votre territoire une armée qui en fait le théâtre des plus horribles cruautés. Il est extrêmement urgent que les départements se lèvent pour sauver leurs plus chers intérêts; etc. »

5. — Arrêté du Directoire du département relatif à l'exécution du décret du 23 juillet précédent, qui portait qu'une seule cloche serait laissée dans chaque paroisse et que les autres seraient envoyées, dans le délai d'un mois, aux fonderies les plus voisines pour faire des canons. Ledit arrêté contenait le passage suivant : « Considérant qu'il est indispensable qu'il soit pris des mesures promptes pour l'exécution dudit décret et se conformer à la lettre du ministre de la guerre ; considérant que tous les bons citoyens doivent concourir à la défense de la patrie contre les tyrans qui cherchent à s'emparer du territoire de la République française et enchaîner la liberté ; considérant que les cloches converties en canons offrent une ressource dont le succès affermira le bonheur de la nation française ; considérant enfin que les circonstances dans lesquelles se trouve la France nécessiteraient cette mesure quand bien même elle ne serait pas ordonnée par la loi, et que celui-là serait coupable et traître envers la patrie qui tenterait de s'y opposer ou témoignerait son mécontentement sur l'exécution d'une loi si nécessaire..., etc. »

Les administrations des neuf districts sont invitées à signaler dans le délai de six jours les ouvriers de leurs ressorts en état de s'occuper de la fabrication de piques.

Réquisition de tous les pistolets pour les troupes à cheval de l'armée des Pyrénées.

9. — Les représentants du peuple près l'armée des Pyrénées-Orientales ordonnent de requérir des hommes, des armées, etc., pour la défense de la patrie. A cette occasion, les administrateurs de l'Aveyron lancent la proclamation suivante : « Aux armes, républicains, volez à l'ennemi ; encore un instant et il est à vos portes ! A sa suite sont l'effroi, le meurtre et l'incendie. Osez l'attaquer, il est anéanti ; attendez-le dans vos foyers et vos propriétés sont dévastées, les récoltes pillées, vos maisons brûlées, vos filles violées, vos femmes, vos enfants égorgés. Et vous qui avez osé vous dire patriotes, ne voyez-vous pas ces tigres altérés de votre sang s'élancer cruellement sur vous et vous déchirer ? La fuite ne peut vous sauver, elle vous conduirait à l'échafaud. L'audace seule vous assure la victoire. Déjà le Lot, le Tarn, l'Hérault, le Gard et tous les départements environnants sont en marche et forment votre avant-garde. Républicains, partez !

9. — Arrêté du Directoire du département portant réquisition de tous les ouvriers sur le fer blanc et le cuivre, pour la confection de marmites, gamelles et bidons nécessaires à l'armée des Pyrénées-Orientales, et ordonnant

l'envoi à ladite armée du plus grand nombre possible de balles de papier à cartouche et de feuilles de fer blanc.

La Société populaire de Sévérac, vu les dangers auxquels sont exposés les frères des départements limitrophes de l'Espagne, nomme deux commissaires à l'effet « de réchauffer l'ardeur que commande la gravité des circonstances et provoquer la levée en masse du peuple conformément au mode indiqué ».

13. — Le Directoire du district de Rodez, la municipalité et le Conseil général de cette commune procèdent, conformément au décret du 2 juin précédent, à la formation d'un comité de salut public chargé de faire arrêter toutes les personnes notoirement suspectes d'aristocratie et d'incivisme.

Les dangers devenant plus imminents sur la frontière d'Espagne, le Conseil du département, extraordinairement convoqué, met en réquisition tous les hommes mariés en état de fabriquer des armes; enjoint à tout détenteur d'un fusil de le faire mettre dans la huitaine en état de servir, et aux Directoires et municipalités de district de faire fabriquer des piques munies de hampes en bois de frênes et de leurs sabots, d'une longueur totale de 10 pieds.

Ce même Conseil prend un arrêté relatif au rassemblement dans chaque district de tous les fers provenant des édifices nationaux, de tous autres fers inutiles aux particuliers, ainsi que du cuivre trouvé dans les maisons des émigrés. Voici un des considérants de cet arrêté : « Considérant encore qu'il ne peut être donné au cuivre qui a trop longtemps servi au luxe des émigrés une meilleure destination que celle de le convertir en canons pour les combattre et faire avorter leurs projets liberticides... »

14. — Sigaud aîné, juge du tribunal du district de Sévérac, est assassiné dans sa maison, à Favars, par « une troupe de scélérats masqués, armés de fusils et de pistolets ». La mère de la victime parvint à s'échapper à force d'adresse. Ce meurtre fut suivi du vol de portefeuilles, de montres, d'argenterie et de bijoux. Suivant deux lettres adressées au procureur-général syndic du département, les « brigands », au nombre de dix à douze, se seraient introduits dans le château de Favars vers les dix heures du soir et auraient tiré trois coups de fusil sur Sigaud pendant qu'il soupait, en lui criant : « Va-t-en condamner les autres à la guillotine ; va-t-en faire lever le monde en masse ! »

16. — Le Directoire du département invite les commissaires près le district de Sévérac à borner la réquisition d'hommes pour l'armée des Pyrénées aux jeunes gens de 18 à 25 ans, afin de ne pas enlever trop de bras à l'agriculture et de ne pas laisser sans défense le pays infesté par les brigands.

19. — Arrêté du Conseil du département relatif aux déserteurs. L'article VIII porte : « Il sera donné des récompenses à ceux qui se saisiront des déserteurs et les amèneront au département, ainsi qu'à ceux qui dénonceront les citoyens qui en ayant chez eux, ne les auront pas dénoncés, conformément à l'article VI du présent arrêté. »

20. — Le conseil du district de Saint-Affrique décide d'envoyer un commissaire à La Caune pour aviser, avec les autorités du lieu, aux moyens de réprimer le brigandage qui désolait ce quartier, et, en outre, de mettre sur pied 150 gardes nationaux, dont 20 à cheval, pour se rendre dans le même but au Pont-de-Camarès avec la gendarmerie de Saint-Sernin.

25. — Les paroissiens de Saint-Martin-de-Cormières s'opposent à l'enlèvement de leurs cloches, « alléguant qu'elles leur font besoin pour dissiper les orages ». Les jours suivants, le commissaire chargé de faire procéder à la descente des cloches trouva une résistance également motivée à Salars, Canet, Saint-Jean, Saint-Georges-de-Camboulas et Fraissinhes.

Ledit commissaire dressa, le 28, son procès-verbal, dans lequel il constate l'impossibilité où il s'est trouvé de remplir sa mission, par suite de la résistance opposée par les femmes et les filles du Pont-de-Salars et de Canet. Voici un passage de ce curieux procès-verbal : « Le même jour, elles firent fouiller dans des commodités ou ailleurs plus de deux grandes corbeilles de la plus fine, que P. R., à l'aide sans doute de quelque autre, vint la placer, vers les dix heures du soir, sur le seuil de notre porte. Le quartier feut infecté pendant toute la nuit ; et le lendemain, les voisins s'étant fâchés, lesdits M., Z., V., R. et veuve C., répondirent que s'étoint les cloches que les fames de Méjanès vouloint nous donner, et tinrent les propos les plus injurieux. »

L'insuccès fut le même le 3 octobre suivant.

OCTOBRE

2. — Exécution à Rodez de Pierre Bouix, prêtre, vicaire de Saint-Constans, près Saint-Santin, victime des lois iniques de l'époque.

3. — « Etat des dépenses faites en journées de conducteur, charpentiers, maçons, couvreurs, serruriers, manœuvres, transport, machines, etc., pour la descente des cloches de la cathédrale de Rodez, des paroisses de Saint-Amans, de la Madeleine, etc., et l'enlèvement des piliers, chandeliers, lutrins, statues, plaques en cuivre jaune, y compris les réparations des dégradations indispensables et pezées. » Ce compte s'élève à la somme de 1,026 livres 5 sous 6 deniers. « Plus pour un prix fait pour casser un évêque de pierre, en relief au milieu du chœur, saillant de dix-huit pouces hors du plancher, 5 livres. »

Envoi à Rodez d'une cloche de Saint-Georges-de-Camboulas, portant cette inscription : *A fulgure et tempestate libera nos Domine. Sancta Clara intercede pro nobis.* 1749.

4 et 5. — Envoi à Rodez d'une des deux cloches du Poujol, avec cette inscription : *Sit nomen Domini benedictum. Sancta Maria ora pro nobis. D. F. 1735.*; et d'une des trois cloches de Saint-Martin-de-Cormières, avec cette inscription : *Christus ab omni malo nos defendat. J. H. S. Maria. Christus vincit, Christus regnat, Christus imperat.* 1677.

6. — Formation à Espalion, dans l'église des ci-devant Pénitents-Bleus, d'une Société « sous le nom d'Amis de la

Constitution de 1793 et de la Montagne. » Le curé constitutionnel en fut nommé président par 20 suffrages sur 21 votants. Elle se proposait : « de maintenir la Constitution populaire de 1793; d'anéantir les ennemis de la liberté; de propager les principes de la Montagne, « du sein de laquelle la Constitution qui doit faire notre bonheur est sortie parmi les foudres et les éclairs ». Avant de se séparer, les Montagnards d'Espalion votèrent une adresse à la Convention.

7. — De nouveaux troubles ayant éclaté dans l'Aveyron, le Conseil général du département ordonne le désarmement des personnes suspectes.

8. — Arrêté portant destruction du château de Salgues et de deux maisons, l'une à Mandailles et l'autre à Vernet, et l'arrestation des personnes qui les habitaient, comme accusées de tenir la main à des déserteurs, à des embaucheurs contre-révolutionnaires et à « des brigands des débris de l'armée de Charrier ».

Avis donné par l'autorité centrale aux administrateurs du district de Sauveterre qu'il se forme, dans des vues coupables, des rassemblements considérables sur plusieurs points du département. « Nous désirons, porte la dépêche, que les malveillants se tiennent encore réunis, nous aurons le plaisir de les exterminer sous peu de jours; les mesures sont prises; nous avons déjà une force considérable sur pied. »

Décret de la Convention qui envoie Delbrel, représentant du peuple, en mission dans l'Hérault, le Gard, la Lozère, l'Ardèche et l'Aveyron.

Mesures prises contre « des déserteurs et des malveillants » disséminés dans les districts de Millau et de Saint-Affrique, avec l'intention de tenter un coup, très prochainement, sur ces deux villes et sur Rodez.

Le Directoire du district de Saint-Affrique organise un plan de campagne dont l'exécution, par les forces de ce district et celles du district de Millau, devait amener l'anéantissement des contre-révolutionnaires, appelés brigands, scélérats et rebelles, réunis d'abord à Arvieu et puis aux Palanges.

10. — Capture par les troupes postées à Aubrac des sieurs Charrier, ci-devant prieur de Malbouzou, et de Gibely, du Py (Lozère). Ils furent conduits sous bonne escorte à Mende et guillotinés le 19. 6,000 livres avaient été promises pour l'arrestation du premier.

11. — Pillage de plusieurs maisons à Mostuéjouls et à Liaucous et mauvais traitements infligés aux habitants de ces localités par une cinquantaine d'hommes armés.

Les comités de surveillance organisés dans les différents districts par Bo et Chabot, et par l'arrêté du département en date du 13 avril dernier, sont invités à continuer leurs fonctions ou à les reprendre en cas d'interruption. L'ordre leur est donné d'arrêter les personnes suspectes. Celles du district de Rodez seront enfermées au collège de cette ville, transformé en maison d'arrêt.

12. — Le Conseil du département « considérant que l'aristocratie fait craindre des mouvemens contre lesquels il est instant de prendre des mesures, etc. », arrête qu'il sera formé, pour Rodez, trois classes de gens suspects; que ceux de la 1re seront enfermés dans la maison déjà désignée; que ceux de la 2e seront mis en état d'arrestation chez eux avec sentinelles à la porte, s'il y a lieu; et que ceux de la 3e seront surveillés. Séance tenante, on forma les trois classes; la 1re comprit 62 suspects, la 2e 63 environ, et la 3e 22. Toutes les conditions sociales furent représentées dans ces trois catégories.

13. — Etienne Lamarque, adjoint aux adjudants généraux commandant la force armée de l'Aveyron, informe, par lettre écrite de Saint-Geniez, le procureur syndic de Millau que devant attaquer le lendemain l'attroupement formé à Maudailles, Castelnau et Le Cambon, il ne pourra se porter que dans quelques jours au secours de Millau menacé.

Cléophas Périer, délégué du représentant du peuple (1) dans l'Aveyron, écrit de Rodez à Villefranche pour demander un plus grand nombre d'hommes que celui déjà

---

(1) Ce représentant du peuple était Taillefer, originaire du département du Lot.

réclamé, « l'insurrection prenant à chaque instant un caractère plus inquiétant ». Le village d'Arvieu était « cerné par un nombre de brigands qu'on évaluait à 400 ». Demande de secours à tous les districts.

Un certain nombre de contre-révolutionnaires, débris de l'armée de Charrier, pénètrent dans la maison curiale d'Arvieu, s'emparent du curé constitutionnel, ainsi que de son oncle, vicaire épiscopal, qu'ils accablent de mauvais traitements. La maison est pillée. Les deux prêtres déclarèrent que ce fut en leur présence que « les braves citoyens de Rodez furent fusillés ». Selon d'autres déclarations, les contre-révolutionnaires, au nombre de 100 environ, abattirent les deux arbres de la Liberté d'Arvieu, pillèrent plusieurs maisons de patriotes, échangèrent, dans la côte de Grès, une vive fusillade avec un détachement de républicains de Rodez, qui eut deux hommes, de La Mouline sous Rodez, tués et deux autres grièvement blessés. En quittant Arvieu, les contre-révolutionnaires se dirigèrent vers les Palanges, où ils campèrent au nombre, dit-on, de six à sept cents.

14. — Les administrateurs du district de Villefranche annoncent à ceux de Rodez l'envoi d'un secours de six à sept cents hommes. La lettre d'avis se termine ainsi : « Nous vous adressons cent setiers de bled ou farines. Vous savez que nous manquons de subsistances, et on a pris sur les minces greniers de la ville. Nous ne voyons que le présent. Si de nouveaux besoins se manifestent, vous savez que nous sommes prêts à défendre la liberté *unguibus et rostro.* »

Les « brigands » évacuent dans la matinée le camp formé près de Migairou et qu'ils occupaient depuis trois jours au nombre, dit-on, de 300 environ.

Une troupe de « brigands » se jette sur le village de La Cresse, y désarme les républicains et pille plusieurs maisons.

La municipalité de Verfeil, en séance à 11 heures du soir, délibère sur les mesures à prendre pour empêcher le ravage de la commune projeté par d'autres, ses voisines, notamment par celle de Najac, « qui depuis le commencement de la Révolution a manifesté l'incivisme le plus coupable et en même temps le plus audacieux ».

15. — Arrêté de Cléophas Périer, délégué du représentant du peuple Taillefer, ordonnant la formation immédiate par la municipalité de Rodez de compagnies révolutionnaires de 50 hommes chacune.

16. — Il remercie le Directoire de Villefranche au sujet « de braves citoyens de cette ville » envoyés, sur sa demande, à Rodez. Sa lettre contient un *p.-s.* ainsi conçu : « La petite armée du Lot doit se porter sur Rhodés. Si les rebelles de Najac continuent à vous donner des inquiétudes sérieuses, veuillez bien m'en instruire ; sur le champ et bientôt nous rendrons à ces messieurs une visite qui fera époque dans leurs annales. »

18. — Cléophas Périer prend un arrêté portant que les citoyens possédant des « subsistances » au-delà du nécessaire jusqu'à la récolte, seront tenus de livrer l'excédent dans les 24 heures, pour fournir à l'armée destinée à combattre les rebelles du département.

19. — Le comité de surveillance d'Espalion dresse, conformément à la loi, une première liste de gens suspects et ordonne leur arrestation. Elle comprend 32 personnes, parmi lesquelles : « Delsuc, accusé de fédéralisme, coalisé avec les aristocrates, et d'avoir pris le parti de Lafayette lors de sa dénonciation ; — Joseph Costes, homme de loi, accusé de fédéralisme, feuillantisme, modérantisme et fanatisme ; — Batut, confiseur, accusé d'être aristocrate, fédéraliste et modéré ; — François Maurel, tisserand, soupçonné d'avoir réfugié son frère, prêtre réfractaire, et d'être fanatique et modéré ; etc. »

Arrestation à Buzeins de quatre contrefacteurs d'assignats. Ils furent conduits par un détachement de 80 hommes dans le fort de Sévérac, « après leur avoir enlevé les planches, la presse, le tour et généralement tout ce qui servait à cette fabrication infernale ».

Le général Nicolas Vitou, commandant l'armée révolutionnaire des départements du Lot, du Cantal et de l'Aveyron, demande des subsistances à Villefranche et à

Figeac, et leur transport à Rodez, où il avait établi son quartier-général.

20. — Taillefer écrit de Cahors au Directoire de Villefranche qu'il sera dans cette dernière ville le 23. « Il me tarde de vous joindre et de partager vos travaux et vos dangers. J'y serais déjà si les soins inséparables de la création d'une armée ne m'avaient retenus. »

22. — Décret de la Convention portant que Chateauneuf-Randon, un de ses membres, se rendra sur le champ dans la Lozère, l'Ardèche, l'Aveyron, le Gard et l'Hérault, pour y rétablir l'ordre public, repousser et faire punir les contre-révolutionnaires, et prendre toutes les mesures générales qui lui paraîtront nécessaires.

Le Directoire du département de l'Aveyron refuse à celui des Landes de lui envoyer le bourreau de Rodez, par la raison que l'exécuteur a assez à faire dans cette dernière ville.

23. — Réquisition de chevaux et d'objets d'équipement par Pierre Delbrel, représentant du peuple, en mission dans les mêmes départements.

Taillefer provoque une réunion du Conseil du département, pour « délibérer sur les mesures répressives qui devaient être dirigées promptement contre les scélérats qui avaient osé se réunir et s'armer contre la liberté, égorger et piller les patriotes, renverser l'arbre de la Liberté et arborer la cocarde blanche, signe infame de rébellion, etc. » En conséquence, il fut établi dans chaque chef-lieu de district une commission centrale de surveillance.

Le général Vitou ordonne aux marchands de Rodez, « sous peine d'être traités comme aristocrates, d'ouvrir leur boutique depuis six heures du matin jusqu'à six heures du soir, et de ne point vendre leurs marchandises plus haut que le maximum ».

24. — Arrêté de François Taillefer ordonnant la formation à Villefranche d'un comité de sûreté publique. Cet arrêté débute ainsi : « Nous représentant du peuple dans les départements du Lot, Cantal et environnants, considérant qu'une foule de scélérats, de prêtres fanatiques, de royalistes, de fédéralistes, d'égoïstes, de muscadins, de modérés, d'indifférents, de mauvais citoyens de toute espèce et de toute couleur ont cherché à séduire le peuple des campagnes, à soulever les habitants du département de l'Aveyron contre les principes sacrés de la Liberté et de l'Égalité, à renverser la Constitution républicaine présentée par la Sainte Montagne de la Convention nationale et adoptée par la presque unanimité du peuple Français... »

Autre arrêté de Cléophas Périer, membre de la commission civile révolutionnaire, délégué de Taillefer, portant division en trois classes des aristocrates et des gens suspects, et indiquant la manière dont chacune d'elles doit être traitée. Voici un des considérants de cet arrêté : « Considérant qu'on ne peut trop se hâter de débarrasser la société de ces hommes pervers connus sous les noms d'aristocrates, fanatiques, modérés, fédéralistes ou royalistes, muscadins, etc., afin de rompre les intelligences criminelles que ces messieurs entretiennent avec les ennemis de la patrie et mettre fin aux entreprises liberticides de ces scélérats conjurés... »

25. — On achève d'enlever le « leton du chœur de la cathédrale de Rodez. » L'ouvrier chargé de l'opération produit un compte dans lequel on remarque l'article suivant : « Plus pour avoir forgé 8 livres de fer pour faire deux grandes équairres pour la cajo qui est à Notre-Dame, afin de pouvoir parvenir à abattre les armoiries appelées fleur de lys, 4 livres. »

27. — Arrêté de Taillefer, représentant du peuple, portant création d'une commission révolutionnaire et de surveillance.

28. — Lettre de Lagasquie à ses collègues les administrateurs du Lot, sur la situation du département de l'Aveyron. « ..... L'état des choses a bien changé depuis quelques jours, et je vous apprends avec satisfaction qu'il a été pris de telles mesures que toutes les conspirations seront détruites dans leur dernier noyeau et que la Liberté triomphera; il est vrai qu'il faudra pro-

fondément l'inoculer dans le cœur des Rhuténois pour qu'elle puisse y prendre racine. Il est reconnu que sur 600 et quelques communes, plus de 500 ont pris part directement ou indirectement à la révolte. Il entre dans nos projets d'appliquer à beaucoup de ces paroisses rebelles le décret contre Lyon; dans d'autres il ne restera pas vestige d'habitation. Un jury militaire et un tribunal révolutionnaire donneront une nombreuse escorte aux manes de Capet et de sa p..... Une subvention sévère fournira à l'entretien de l'armée et procurera une grosse indemnité à la République. Enfin, avant de quitter cette Arabie malheureuse, tout rentrera dans l'ordre. Les scélérats auront passé, et les patriotes se griseront à leur aise. »

29. — Mandat de 82 livres 10 sous délivré par le Directoire du district de Rodez, pour « 17 journées employées à descendre les girouettes ».

Formation au chef-lieu du district de Rodez d'une commission centrale de surveillance. Le comité de surveillance et celui de la Société populaire du chef-lieu devaient en faire partie, ainsi que deux membres des Sociétés populaires existant dans le district, et douze patriotes appartenant à ses différents cantons. Chaque chef-lieu de district devait avoir une commission semblable.

Un prêtre apostat attaché au corps de troupes stationnées à Comps-la-Granville, adresse au général Marbot une lettre relative aux exploits de celles-ci dans ces parages. En voici le premier et le dernier alinéa : « Malgré notre activité, il nous a été impossible de commencer avec succès l'incendie des repaires de Bonnecombe; après en avoir parcouru les principales sinuosités, nous avons fait procéder à des abbatis, et nous avons disposés les ateliers des bucherons ou sapeurs de réquisition de manière à rendre les flammes continues et les diriger sur les points les plus importants. — Ne serait-il pas convenable d'enlever les cloches des villages et des hameaux suspects; et ne devrions-nous pas regarder les chapelles et les églises comme les véritables repaires des ennemis du genre humain, surtout dans ces contrées; ou bien serait-il plus politique d'attendre le signal de leurs destructions totales ? Que le règne révolutionnaire se prolonge avec cette attitude imposante pendant un an, et les privilèges de la croix et du culte disparaitront avec eux pour toujours. »

30. — Extrait d'une lettre du commissaire du département envoyé à Sévérac : « Quant au général Vitou, il a déjà mis ses colonnes en mouvement vers la Lozère et fait de petites expéditions d'arrestations, de démolitions et d'incendies dans les environs de Sévérac. »

Lagasquie, commissaire civil révolutionnaire, écrit au comité de surveillance de Rodez : « Les avis que vous nous donnez sur la retraite des brigands dans le bois de Lugagnac peuvent m'être d'une grande utilité. Mais des motifs de prudence nous empêchent de les mettre de suite à exécution. Nous avons déjà pris des mesures rigoureuses, et je vous promets que ce département sera bientôt purgé des scélérats qui ne l'ont que trop longtemps agité. Redoublez de zèle et de surveillance, et le sans-culotisme sera triomphant. Salut et fraternité. — *P. S.* Je vous fais passer un arrêté du représentant du peuple (Taillefer), qui indique les mesures rigoureuses que nous allons employer. »

31. — La commission civile révolutionnaire composée de Cléophas Périer, Lagarde et Lagasquie, prononce la destitution du citoyen Andurand, président du tribunal criminel du département, « pour avoir prêché avec chaleur la cause des Girondins et conséquemment celle du fédéralisme et de la monarchie, en faveur de laquelle il avait déployé ses talens avec un trop malheureux succès. »

Proclamation du général Marbot, commandant en chef des troupes stationnées dans l'Aveyron : « Des brigands et des hommes égarés ont osé lever l'étendard de la révolte dans le département de l'Aveiron ; j'ai accouru avec mes frères d'armes des bataillons de la Corrèze, du Lot, de la Haute-Garonne et la force révolutionnaire du Lot, pour châtier cette bande d'insolens ; mais les lâches n'ont pas osé attendre les troupes de la République : ils se sont cachés dans des cavernes et des précipices.

» Pour cette fois, je me contente, en vertu des ordres des représentans du peuple, de faire démolir ou brûler les habitations des principaux chefs des brigands. Mais, citoyens de l'Aveiron, soyez avertis que la première fois qu'il s'élèvera le moindre mouvement séditieux parmi vous, des communes entières seront détruites de fond en comble, sans distinction des innocens et des coupables. Les habitans de l'Aveiron vont répondre solidairement de leur conduite respective. Souvenez-vous que la vengeance nationale sera si terrible, que le souvenir en restera éternellement gravé dans la mémoire de vos descendans, etc. — Fait au quartier général de Rodez le, etc. »

Lagasquie et Lagarde, commissaires civils révolutionnaires, prennent un arrêté dont voici le premier article : « Dans toutes les villes du département de l'Aveiron où il existe des comités de surveillance, il sera dressé par lesdits comités un tableau de tous les citoyens patriotes et montagnards, et il leur sera délivré une carte civique, au moyen de laquelle ils pourront vaquer à leurs affaires et se promener à toute heure du jour et de la nuit. Hors ceux-là, les autres individus de quelque sexe qu'ils soient, ne pourront sortir de leur domicile que les ténèbres ne soient dissipées par l'astre du jour ; et à la nuit tombante, ils se retireront chez eux. »

NOVEMBRE

1er. — 93 citoyens du district de Villefranche se trouvent en réclusion dans le fort de Najac.

Le Directoire de ce district accuse réception du nouveau calendrier et promet de le suivre.

Le général Vitou demande l'autorisation de prendre à son quartier général à Sévérac la carte géographique déposée chez le général Marbot, promettant d'en avoir soin et de la rendre « après l'expédition de la campagne ».

165 membres du clergé condamnés à la déportation par la loi du 26 août 1792, pour refus de serment à la Constitution civile, sortent des prisons de Rodez et sont dirigés sur Figeac et Bordeaux, afin d'être transportés de là à Cayenne. Ce premier départ de prêtres insermentés fut

suivi de plusieurs autres qui eurent lieu au mois de mars de l'année suivante.

2. — Le Directoire du département, informé que la force armée envoyée à Bonnecombe vient d'incendier la maison, les granges et les fourrages du sieur Barrau, de Carcenac, et que de pareils actes se sont produits sur plusieurs autres points de l'Aveyron, écrit à la commission révolutionnaire déléguée par Taillefer, « que si la vengeance nationale et la sûreté publique exigent la démolition des maisons qui ont servi d'asile aux brigands, l'intérêt public réclame aussi impérieusement la conservation des comestibles et des fourrages, surtout dans une armée où leur pénurie se fait déjà si vivement sentir ».

Proclamation de Taillefer portant établissement à Villefranche d'un comité de sûreté publique.

Le Conseil général du district de Sauveterre fixe le *maximum* ou plus haut prix auquel pouvaient être vendus dans ce district les denrées et autres objets de première nécessité : la livre de bœuf, 5 sous 9 deniers ; de vache, 4 sous ; de veau, 7 sous 6 deniers ; de mouton, 8 sous ; etc.

3. — Le citoyen Ambert, commandant en second le bataillon révolutionnaire du Lot, écrit au citoyen Lagasquie, au sujet du château du Barry (1) qui allait être livré aux flammes : « .....Je dois vous observer que la farine contenue dans deux sacs trouvés au grenier a été laissée aux domestiques pour leur subsistance, et que plusieurs effets de peu de valeur, tels que bois de lit, etc., m'ont été nécessaires pour l'incendie du château, fait aux cris mille fois répétés de : Vive la République ! Vive la Montagne ! Encore quelques opérations de ce genre et nous glacerons d'effroi nos ennemis. C'est par le feu qu'il nous faut soutenir une liberté conquise par le fer. »

Extrait d'une lettre écrite de Najac aux administrateurs du district de Villefranche : « Citoyens collègues, nous vous faisons passer la liste que nous vous avons promise hier des noms et du nombre de reclus qui ont été traduits

---

(1) Ce château, situé près de Frayssinhes, commune du Vibal, appartenait à M. Vigouroux d'Arvieu.

de cette ville à Villefranche, qui jusques à ce jour se portent à quarante-trois. Nous allons faire faire une nouvelle chasse des absents et de ceux qui peuvent avoir été oubliés aujourd'hui. On doit nous en amener plusieurs de Varen. »

Le Directoire du département invite les Directoires des districts à lui transmettre sans retard, pour être adressés au comité de division près la Convention, les changements survenus dans les noms des communes, lesquels « rappelaient la féodalité ou pouvaient servir encore de prétexte au fanatisme ». — Nous avons déjà donné ces noms.

Arrestation, par l'armée révolutionnaire, de Bedos, « chef des brigans, et qui commandait la cavalerie de Charrier au camp de La Panouze ».

5. — Lagasquie dit dans une lettre au comité de surveillance de Rodez : « Si vous pensez donc que Séguret (de la Vayssière) et Maurandi ne peuvent rester en liberté sans compromettre la tranquillité publique, pressez-vous de m'envoyer vos notes sur leur compte et vous verrez si je sais mollir. Je désire que vous m'imitiez ; et si, comme j'aime à le croire, vous vous tenez à la crête de la Montagne, comptez que tout ira bien. »

7. — Envoi de l'adjudant général Lamarque à Lagasquie, commissaire civil révolutionnaire, du procès-verbal de l'incendie de trois maisons du côté de Laissac, par ordre de Taillefer, et de deux autres procès-verbaux relatifs à des arrestations.

Fragment d'une lettre de Lagasquie au comité de surveillance de Villefranche : « Il ne s'agit pas d'examiner aujourd'hui si votre district a des subsistances pour toute l'année. Les Français sont assiégés ; ils doivent vivre en commun et se partager leurs ressources. D'ailleurs, le gouvernement républicain que nous avons atteindra par toutes ses sollicitudes et ses bienfaits toutes les parties de la République, et nous périrons tous par la famine ou aucun individu ne souffrira. Pressez les réclusions et les subventions révolutionnaires ; et comme vous savez que je dois mettre le sceau à vos opérations, faites-moi passer votre travail préparatoire pour que je puisse le sanctionner. Rodez, etc. »

8. — Arrêté de Lagasquie et Lagarde portant organisation d'une force révolutionnaire de 600 hommes, « républicains énergiques et éprouvés et bons sans-culottes », destinés, conjointement avec les 1,700 hommes de l'adjudant général Lamarque, à « poursuivre les débris de l'armée du traître Charrier, cachés en nombre effrayant dans les bois et dans les cavernes ».

Lettre de Cléophas Périer à Lagasquie, son collègue : « Je trouve très bien conçu ton plan de fête civique ; j'aurais marché sur tes traces, mais il nous manque ici l'absolu nécessaire, ce qui n'encourage pas les fêtes. Tu parviendras, en dépit des malveillants, qui payeront les pots cassés, à montagnardiser les ruthénois ; je te croyais capable de beaucoup de choses, mais je n'aurais jamais pensé que le père éternel lui-même parvînt à déraciner le fanatisme des petites cervelles des contrées que tu appostolises. »

Les représentants du peuple près l'armée des Pyrénées-Orientales arrêtent que tout citoyen payant 20 livres d'imposition mobilière sera tenu de remettre incontinent à sa municipalité une chemise neuve pour le service de la troupe.

La municipalité de Sévérac demande aux administrateurs de ce district du blé pour nourrir les 124 détenus au chef-lieu, dont 72 au château, 42 à la maison des sœurs, et 10 aux prisons.

Les suspects mis en réclusion à Villefranche sont au nombre de 313.

10. — Le comité de surveillance du district de Sévérac ordonne l'arrestation de 85 personnes suspectes.

Le procureur syndic du district de Rodez écrit à Lagasquie : « J'ai reçu, citoyen, ta lettre en date de cejourd'hui, relative aux denrées, meubles et effets provenant des repaires qui ont été ou qui doivent être réduits en cendres. J'aurai soin, citoyen, de les faire placer dans un lieu convenable à proportion de leur remise et d'en tenir registre. »

Réquisition de couvertures de laine pour l'armée des Pyrénées-Orientales.

Procès-verbal du brûlement de titres féodaux sur la place publique de Canet-d'Olt, « le dimanche à l'issue de vêpres ».

Arrêté des commissaires civils révolutionnaires au sujet des secours à fournir aux parents nécessiteux « des bons sans-culottes qui ont pris les armes pour conserver l'indépendance de la République. Art. 1er. Formation par les comités centraux de surveillance de la liste des parents dans le besoin. Art. 2e. « Les mêmes comités formeront la liste des feuillans, des modérés, des fanatiques et autres individus de la classe suspecte ou inutile, en état de fournir des secours aux citoyens ci-dessus désignés. » Etc.

11. — Le Conseil général de la commune de Najac renouvelle sa demande du retrait de la division de l'armée révolutionnaire (360 hommes) détachée audit Najac, par le motif « que les trois quarts des habitants manquent de pain et même de grains pour ensemencer leurs terres ».

Destitution par la commission révolutionnaire de plusieurs fonctionnaires « entachés du système fédéraliste ». Le premier considérant de l'arrêté est ainsi conçu : « Considérant que le système Girondin et Brissotin a plus compromis le salut public que toutes les attaques dirigées jusqu'alors contre la liberté des Français ; que les fonctionnaires, qui, aux époques mémorables des 31 mai, 1er et 2 juin se sont jetés à corps perdu dans la coalition des départements fédéralisés, doivent être destitués de leurs fonctions, quand bien même leur conduite n'aurait été que le fruit de l'égarement, puisque dans une circonstance aussi majeure ils n'ont pas eu la prudence et la sagacité d'apprécier une mesure que tous les patriotes clairvoyants reconnaissaient nécessaire et pressante, et que par le défaut de réflexion ils ont entraîné leurs concitoyens dans l'erreur et compromis le salut de la patrie ; qu'à plus forte raison les fonctionnaires qui ont embrassé de mauvaise foi le parti des fédéralistes doivent être privés de leur poste, mais qu'encore ils doivent être reclus ou sévèrement punis suivant l'exigence des cas. » — Parmi les personnes compromises figuraient : Flaugergues, président du département, accusé d'être « un individu très suspect et très dangereux sous tous les rapports politiques »; Longchamp (Deslongchamp) et Bourzes, membres du Directoire, accusés d'avoir « embrassé le parti de la Gironde avec une chaleur indécente; que le second est un cy-devant, et que le premier a accepté l'infame commission pour aller présenter au département de l'Hérault un projet de coalition départementale »; Randon, membre du Conseil du département; Persegol, de Saint-Geniez; Boyer, de Sauveterre; Delauro, président du Conseil du district de Rodez; Yence, membre du Directoire dudit district; Riols, Séguret, Souiry, Yence, juge, membres du Conseil dudit district; Colomb, officier municipal; Chatelet et Sicard; Hippolyte Monseignat, juge, accusé d'avoir embrassé avec ardeur la cause des fédéralistes et d'avoir été porteur d'une adresse contre-révolutionnaire à la Convention; Anduran, président du tribunal criminel; Bessière, juge de paix de Rodez; Cambon et Delpech, de Sauveterre, membres du Conseil du département.

12. — Lettre de Lagasquie à l'adjudant général Lamarque : « Tu me consultes, citoyen, sur le sort d'un crucifix aristocratique qu'on t'a adressé. S'il était de bois, nous en ferions présent à l'église; mais puisqu'il est d'argent, nous dirons : *crucifixus etiam pro nobis*. L'arrêté dont je t'envoie un exemplaire te fera connaître sa destination et celle de tous les effets de ce genre qui pourront t'être adressés à l'avenir. » Cette lettre répondait à celle-ci : « Citoyen, ma maison est devenue sainte cette nuit. En conséquence l'on m'a porté un grand bon Dieu crucifié sur argent. Je crois qu'il sera à propos qu'il soit fondeu; marque moy où est le dépot où je le dois placé. »

13. — Arrêté de Lagarde (Félix), commissaire civil révolutionnaire, portant création de fêtes en l'honneur de la pauvreté dans les districts de Saint-Geniez, Sauveterre et Mur-de-Barrez : « Ces fêtes, appelées le triomphe du pauvre, seront célébrées dans les chef-lieux de canton des trois districts ci-dessus le 10e jour des quatre premiers mois qui vont suivre. — La première rappellera l'abolition des dîmes, des rentes, de la corvée; la suppression des annates, des gabelles, des ordres monastiques, des lettres de cachet, de la vénalité de la justice, enfin de toutes les vexations de nos défunts satrapes. La seconde rappellera le triomphe de la liberté sur le despotisme, la chute de la Bastille, l'abolition de la royauté et l'établissement du gouvernement républicain. La troisième rappellera la Montagne écrasant d'une main les crapauds des marais, et de l'autre présentant à la France le code de ses lois, gage de son indépendance, et le boulevard contre lequel viendront se briser tous les efforts des brigands couronnés. La quatrième rappellera le triomphe de la raison sur les préjugés, les bienfaits d'un code civil et criminel commandés par la nature et l'humanité; le bienfait non moins grand d'une instruction publique, la sauvegarde de notre liberté. Etc. »

Cléophas Périer adresse à Lagasquie, son collègue, une lettre dont voici un passage : « Je suis au moment de terminer mes opérations à Sévérac. L'esprit se régénère visiblement dans cette ville. Demain les patriotes se réuniront pour faire un repas fraternel, dont les aristocrates, toujours complaisants, feront les frais. J'ai fait épurer la société populaire; je crois qu'elle ira rondement. Les arrestations de gens suspects seront nombreuses, comme tu le penses bien; mais je ne crois pas qu'elles soient terminées avant mon départ; je prendrai des mesures pour que ces messieurs n'y perdent rien. — Je suis sans tabac, viens au secours de mon nez dans l'indigence. »

L'adjudant général Etienne Lamarque termine comme suit une lettre adressée à Lagarde : « Lagasquie, votre collègue, a dû vous annoncer la capture de vingt-huit personnes suspectes, et du chef Coffelin (1) dans les environs du Nayrac; je donné les ordres, hier, pour mammener ces satellistes, et Coffelin, affin de le

(1) Pons-Caylus, dit Couffoulens de Saint-Côme, dans un engagement qui eut lieu aux environs du Nayrac; il reçut un coup de feu qui lui cassa une jambe. Il fut exécuté peu de temps après à Rodez.

guérir de sa jame (pour jambe) cassée, en lui faisant tomber la tête; deux de mes adjoints qui commandent le détachement, ne m'ont point écrit encore, j'attends des nouvelles aujourd'huy, que j'aurai le plaisir de vous communiquer. Salut et fraternité. »

Arrêté de Cléophas Périer contre les aristocrates et gens suspects, « connus sous le nom d'aristocrates, fanatiques, modérés, fédéralistes, royalistes, muscadins, etc., afin de rompre les intelligences criminelles que ces messieurs entretiennent avec les ennemis de la patrie, et mettre fin aux entreprises liberticides de ces scélérats conjurés. » Division de ces personnes en trois catégories : « la première sera composée des hommes les plus notoirement suspects d'avoir soutenu ou favorisé, par leurs personnes ou leur fortune, les projets de contre-révolution, tramés dans l'intérieur, et notamment ceux qui viennent d'être déjoués dans ce département. » Cet arrêté, qui édictait des peines contre chacune de ces trois catégories, ne s'appliquait d'abord qu'aux districts de Millau, Saint-Affrique et Sévérac; il fut appliqué aux autres par Lagarde et Lagasquie, collègues de Périer.

Lagasquie écrit au comité de surveillance du district et de la ville de Rodez : « Je viens de recevoir votre lettre, chers concitoyens, relative au district d'Aubin. Je vous remercie des renseignements que vous me donnez sur un pays qui va être bientôt régénéré. Soyez assurés que j'en ferai usage. »

14. — Arrêté du Directoire du district de Saint-Geniez, portant l'ordre d'arrêter 62 personnes de la paroisse du Cambon ou de Castelnau et Mandailles, ses annexes, ainsi que de Nozeran et Bernat, prêtres réfractaires.

Organisation, à Rodez, d'une commission militaire « chargée de juger et de condamner les prêtres réfractaires et les contre-révolutionnaires qui seront dans le cas d'être traduits à un pareil tribunal ». L'adjudant Lamarque en fut l'instigateur. Le lendemain, à 7 heures du matin, elle jugea Jean-Baptiste Pons, dit Couffoulens, de Saint-Côme, qui avait fait partie de l'armée de Charrier, le condamna à mort et ordonna que son exécution aurait lieu le même jour, à Rodez, sur la place de la Fraternité.

« Les sans-culottes membres du comité central de surveillance du district de Saint-Geniez aux citoyens représentants du peuple : Honneur et gloire vous soient rendus, citoyens représentants, de nous avoir délivré d'un exécrable tyran, d'une infâme Marie-Thérèze, des députés traîtres et de l'ambitieux Philippe d'Orléans ! Vous avez acquis une reconnaissance éternelle sur l'amour des vrais républicains, et vous pouvez vous l'assurer à juste titre sur le souvenir du comité central de ce district. L'esclavage pesait depuis longtemps sur nos têtes et nous gémissions, sans nous plaindre, de ce fardeau. L'heureuse liberté que vous nous avez procurée, intime amie de l'égalité, nous a aidé, par votre précieux secours, à le secouer, à le mépriser et à l'abattre. Enfants chéris de nos représentants, vous ne pouviez qu'adoucir notre sort et l'améliorer ! Frères et amis, vous nous avez protégés et vous nous avez délivrés de ces maux incalculables que la trame criminelle de ces perfides nous préparaient aussi sourdement. Continuez, citoyens représentants, à user de la même justice et de la même sévérité vis-à-vis des autres têtes coupables qui vous entourent ! Punissez ces généraux perfides qui sont dans nos armées ! Chassez-en tous les cy-devant nobles qui y occupent des postes importants et qui, honorés par nos frères d'armes des grades qu'ils leur ont accordés, semblent y faire parade encore de leur ridicule origine et de leur mortelle haine pour la sainte égalité ! Détruisez les fanatiques superstitieux qui ne reconnaissent de religion dominante que dans leur intérêt ou leurs traitements ! Vouez, tout comme nous, à l'exécration publique, les Toulonnais, nos ennemis communs. L'asile qu'ils ont donné aux Anglais révolte la République entière ! Ecrasez, exterminez ces perfides, l'opprobre de tous les partis, et faites douter à la nation et à notre race future s'il a pu exister jamais des coupables qui aient osé méconnaître la sainteté de vos lois et offenser les maximes pures et sages de nos législateurs !... Nous sommes dans des temps orageux ; par conséquent, les mesures doivent être promptes et rigoureuses. Nous ne pouvons que vous féliciter de celles qu'a prises dans ce département le général Lamarque, accompagné de nos braves gardes nationaux. Ses soins, sa vigilance, toujours actifs, nous ont délivré de plusieurs chefs de Charrié le guillotiné. Plusieurs ont subi le même sort, et le rasoir national va faire raison des autres. Continuez vos fonctions, braves montagnards, et achevez ce grand'œuvre de la Révolution. Nous vous invitons, au nom du salut public, de rester fidèles à votre poste jusqu'à la paix. Tel est le vœu général de tous les membres du comité central de surveillance de ce district ; nous vous en conjurons. »

16. — Arrêté de Lagasquie et Lagarde au sujet des gens suspects : « Considérant que les prisons et les maisons de réclusion de cette ville (Rodez) contiennent déjà un nombre si considérable de criminels et de gens suspects, qu'il n'est pas possible d'en faire conduire de nouveau ; — considérant qu'un rassemblement trop nombreux d'aristocrates en cette ville serait non seulement nuisible pour les prévenus, mais qu'encore il rendrait leur garde difficile et pourrait occasionner un manque de subsistances, arrêtent que les individus dont l'arrestation sera jugée nécessaire, soit par la commission (civile révolutionnaire), soit par les Comités de surveillance, seront conduits et demeureront dans la maison de réclusion de leur district, à l'exception de ceux notoirement les plus coupables et les plus dangereux. »

Cléophas Périer informa le Directoire du district de Sévérac « que le village de La Malenne, habité par des contre-révolutionnaires, vient d'être incendié, autant pour frapper ces lâches partisans de la monarchie et de la tyrannie nobiliaire et sacerdotale, que pour apprendre à ceux qui seraient tentés de les imiter, que la République est aussi inflexible envers ses ennemis, qu'elle est grande et généreuse envers ses amis », et lui trace la conduite à suivre au sujet des cinq enfants des rebelles de ce hameau.

17. — Arrêté relatif aux mesures à prendre pour assurer la subsistance des « forces nombreuses qui se réunissent dans le département pour anéantir les contre-révolutionnaires qui le menacent ».

Lagarde écrit au comité de surveillance de Rodez : « Devant former une commission pour classer les délits dont peuvent être atteints les détenus des différentes maisons d'arrêt de cette ville, nous vous demandons quatre sans-culottes purs, intègres et qui aient certaines connaissances. Si le tribunal du district n'est pas occupé, vous pourriez nous désigner un ou deux de ses membres. Vous connaissez les vertus et les talents de vos concitoyens; nous croyons que ceux qui auront votre confiance mériteront la nôtre. Salut et fraternité. »

Lagasquie écrit au même comité : « Vous trouverez ci-inclus, citoyens, la pétition de l'accusateur public près le tribunal criminel de ce département, dont l'objet est d'obtenir un secrétaire, à cause de la multiplicité des affaires dont il est chargé par l'effet des circonstances. J'attends de votre civisme que vous présenterez très incessamment à la commission un sans-culotte propre à remplir cette place. »

18. — La commission civile révolutionnaire arrête que tous les prêtres réfractaires détenus dans les prisons seront traduits devant le tribunal criminel pour être jugés et punis conformément à la loi.

Dans une lettre de Lagarde au comité de surveillance de Rodez on trouve le passage suivant : « Connaissez-vous la conduite politique d'Aldias, commissaire national près le tribunal du district à Espalion? Cet individu a été suspendu de ses fonctions par mon collègue Périer ; il est dans ce moment dans la maison de réclusion; il me demande de prononcer sur son sort. Est-il dangereux? A-t-il professé des principes fédéralistes? A-t-il déclamé contre la Montagne et ses amis? J'attends de vous la solution de ces questions. »

19. — Les « sans-culottes montagnards républicains composant le comité central révolutionnaire de surveillance du district de Muret » dans la Haute-Garonne, réclament le citoyen Laborde, président de la commission militaire établie à Rodez, pour être jugé audit Muret. La lettre qu'ils adressèrent à ce sujet aux officiers municipaux de Rodez est ainsi datée : « L'an 1er de la mort du tyran et de son exécrable femme. » Elle finissait par cette phrase : « De pareils monstres (Laborde) munis de places aussi importantes, ne pourroint que tout à fait compromettre la sûreté publique. »

Le Directoire du département arrête le maintien dans leurs foyers des réquisitionnés du district de Sévérac, à cause des troubles qui venaient d'y éclater.

Un des commissaires civils révolutionnaires propose à la Société montagnarde de Rodez « de choisir dans la Société des apôtres révolutionnaires pour prêcher les principes de la liberté et de l'égalité dans les différentes communes du département ». Ladite Société délibère d'en écrire au comité de surveillance déjà saisi de l'affaire, et de l'inviter en outre « à s'occuper des castes inciviques et de faire raser les moustaches de ceux qui sont indignes de les porter; en observant de le faire à sec avec le plus mauvais rasoir ». Suit « la liste de la sacrée noblesse de chien reconnue en 1789 », comprenant 67 noms.

20. — Lagasquie écrit au comité de surveillance du district de Villefranche : « En descendant de cheval je vous préviens, mes chers camarades, que j'arrive à Villefranche, et que j'éprouve le besoin de vous entretenir et de vous embrasser; et comme je ne puis passer que la soirée dans cette ville, je me propose de venir à votre séance ce soir à six heures, et à sept nous nous rendrons ensemble dans l'église des Doctrinaires où vous voudrez bien inviter tous vos concitoyens de se rendre, pour y entendre un républicain qui leur fera un rapport intéressant sur la situation de ce département. — Salut et fraternité. P. S. J'ai avec moi sept gens d'armes bons sans-culottes épuisés de fatigue, et je vous prie de m'indiquer un monsieur de cette ville chez lequel je puisse les envoyer pour se délasser et souper. »

21. — Les sans-culottes composant le comité de sûreté publique de Villefranche, institué par Taillefer, décident qu'il n'y a pas lieu de délibérer sur la pétition à eux adressée par de jeunes élèves, tous sans-culottes, du citoyen Raymond Croizac, ayant pour objet la mise en liberté de celui-ci.

22. — Le département est réquisitionné pour l'envoi de 9,000 paires de bas de laine à l'armée des Pyrénées-Orientales.

La Convention nationale, après avoir entendu le comité de salut public, décrète que le citoyen Boisset retournera dans les départements de l'Hérault, de l'Aveyron et les départements limitrophes, pour y procéder à l'épurement des autorités constituées, activer les réquisitions pour les subsistances, et prendre toutes les mesures de salut public qu'il croira nécessaires.

24. — Les officiers municipaux de Saint-Saturnin informent l'administration du district de Sévérac du brûlement sur la place publique d'un grand nombre de titres féodaux. Ils lui demandent, en outre, l'envoi immédiat « d'un légiste », pour compléter « la triaille », attendu leur impatience « d'abolir jusqu'à la moindre trace de ces maudits titres ».

25. — Les suspects condamnés à la réclusion à Rodez, et élargis à la susdite date, étaient au nombre de 120. Parmi eux figurent : Devic, jardinier; Constans, tailleur; Maximin, cordonnier; Garrigues, tonnelier; Monseignat; Séguret, de la Vayssière; Arssaud; Dièche; la citoyenne Coignac; Carcenac, marchand; Palous, de la Valette; Cassan, de Floyrac, et son fils; Izard, d'Issanjou; Lacombe, de Frons; Delpech, de Sauveterre; Rouquette, domestique; Pierre Fontanier, bouvier; Marguerite et Gabrielle Coustou sœurs, de Layssac.

Les suspects non élargis, en réclusion au collège de Rodez, étaient 116, parmi lesquels : Enjalran et sa femme; Flaugergues; Bonal; Soulié; Julien père; Richard; Séguret; Bussi; Villaret; Monteil, de Rodez; Aldias, de Lassoutz; les citoyennes Laparra, de Grun, Serres; Laroche-Lambert, dernière abbesse du monastère Saint-Sernin sous Rodez; Pons, de Soulages; Dornes, de Camboulas; Barrau et sa femme, de

Carcenac, Boisse; la citoyenne Codomier aînée; Foulquier, de Boscus; Viala, prêtre, du Pont-de-Salars; Mommouton aîné et son frère; Viala, père et fils, de Solsac; Boyer, de Sauveterre; Roquefeuil, père et fils, de Barriac; Baurès, de Rodez; la citoyenne Curières et ses deux filles; Jean-Amans Clausel, de Coussergues; etc.

Motifs de réclusion : Baptiste Carcenac, « négotiant, très fanatique et incivique »; Hilaire Dijols, homme de loi, « conseil des ci devans nobles et prêtres réfractaires, ne vivant qu'avec eux, les recevant journellement chez lui »; la veuve Coignac et sa fille aînée, « mère et sœur de trois émigrés, n'ayant jamais manifesté leur attachement à la Révolution et ne fréquentant que les ennemis de la Révolution; Tissandier, officier de santé, « suspect depuis longtemps à raizon des principes qu'il a toujours montrés contraires à la Révolution, et ses relations avec ses ennemis »; Dalbin, pâtissier, « manifestant hautement son incivisme, s'étant querellé avec les chauds patriotes »; Monseignat fils aîné, « n'a pas obtenu son certificat de civisme, ex-privilégié, ayant toujours fréquenté les royalistes et en dernier lieu les fédéralistes »; Dijols la Cassagne, homme de loi, « incivique, désirant le retour des parlemens »; Puech, confiseur, « très incivique, prêchant le fanatisme ouvertement »; Richard, officier de santé, « fréquentant des maisons très suspectes et très inciviques »; la femme de Galy, plâtrier, « très suspecte, incivique et recelant les gens suspects »; Enjalran, ex-juge criminel, et sa femme, « très inciviques, ennemis de la liberté et de l'égalité; il s'est tenu chez eux des conciliabulles d'aristocrasie; tenant publiquement des propos contre-révolutionnaires »; Géraldy, ex-professeur, « chaud partisant du fédéralisme, ayant provoqué des arrettés liberticides »; Gaston père, cidevant noble, père d'un émigré, ennemy de la Révolution »; Baurès, avoué, n'a pu avoir son certificat de civisme, et incivique »; Second cadet, homme de loi, « incivique et modéré »; Flaugergues, président du département, « chef du fédéralisme, ayant provoqué des arrettés liberticides »; Rodat, d'Olemps, « d'après la loy qui déclare traite à la patrie tout membre du corps administratif qui fait sa démission, le susdit et dans ce cas »; Arssaud, accusateur public, « fédéraliste, n'ayant pas rempli ses fonctions d'accusateur public »; Sicard aîné, « chaud partisan du fédéralisme, traitant les montagnars de maratistes »; la cuisinière de Jouéry, ci-devant juge du tribunal criminel, « fanatique »; etc.

26. — Lagasquie écrit de Cahors à ses collègues les commissaires civils révolutionnaires délégués dans le département de l'Aveyron : « A-t-on bien crié vive la République ! quand la foudre révolutionnaire a précipité dans le marais la tête du traître Boissonnade (1)? M'annoncerés-vous encore, mes bons amis, le supplice de quelque nouveau jean-foutre? Dans ce cas vous seriés bien aimables. — Le tribunal criminel a-t-il demandé à la Convention la conduite à tenir à l'égard de la bande noire ecclésiastique que j'avais tant à cœur de faire émonder? Pressés cet objet, écrivés vous-mêmes au Sénat français. Déclarés que si on ne fait tomber soixante têtes sacrées, vous ne pourrés tirer parti du département de l'Aveyron »; etc.

27. — Arrêté du Directoire du département relatif à l'envoi de chemises à l'armée des Pyrénées-Orientales. Le district de Sévérac eut à en envoyer 420.

28. — Le curé constitutionnel d'Espalion, président de la Société populaire de cette ville, et trois Espalionnais membres de cette Société, délégués par Lagarde pour « faire des missions patriotiques dans l'étendue du district de Saint-Geniez », se rendent dans ce but au Monastère-Cabrespines. Le citoyen curé harangue la foule dans l'église du lieu. Il constate dans le procès-verbal de cette séance, qu'il a trouvé presque tous les habitants de plusieurs communes présents à la réunion « à la hauteur de la Révolution »; qu'ils ont promis de vivre désormais et de mourir profondément attachés à la République; qu'ils ont crié à plusieurs reprises : Vive la République! Vive la montagne ! Que tous ensemble se sont rendus au pied de l'arbre de la liberté, chantant l'hymne chéri, et qu'il s'est

---

(1) Sylvestre Boissonnade, d'Araillac, dans la Lozère.

retiré avec ses coreligionnaires politiques, « laissant ces braves citoyens chantant la Carmagnole ».

28. — Le lieutenant de gendarmerie résidant à Saint-Geniez et ses hommes qui avaient arrêté Charrier réclament les 3,000 livres promises pour cette capture.

29. — Lagarde, sur l'avis du comité de surveillance de Sauveterre, prend un arrêté par lequel il destitue et condamne à la réclusion le juge de paix de La Salvetat et le commissaire national de Sauveterre, le premier, comme étant « dénoncé par l'opinion publique pour modéré et tiède pour la Révolution »; le second, comme ayant « été tranquille observateur de la Révolution et qu'il ne s'est jamais montré son ami ».

DÉCEMBRE

1er. — Le président de la Société des amis de la République dénonce comme abusif un droit, dit de *Bourse commune*, perçu par le receveur de l'enregistrement sur certains actes notariés, et que les notaires se partageaient entre eux par égales parts.

Célébration de la fête des pauvres à Réquista. Voici à ce sujet un « extrait des registres de la Société des sans-culottes » de cette petite ville. « Présidence de X. Un membre a demandé la parole et a dit : Citoyens, vous avais été transportés de joie, vos cœurs se sont émus à l'aspect de ce qui s'est passé aujourd'hui ; cette intéressante fête et le triomphe du pauvre a électrisé vos âmes. Elle a été un vrai triomphe pour tous les sans-culottes. Qui de vous en effet ! quelle âme assez dure a telle pu résister à un si charmant spectacle ! qui de vous n'a tit pas été atandri jusqu'aux larmes ! je ne vous dirai pas tout ce qui a du se passer dans vos âmes ! j'exprimerais mal ce que vous avez senti si bien. Le pauvre nourri et servi par ces messieurs qui l'avoit meprisé et dedeigné jusques ici ; le pauvre recouvrant et jouissant de tous ses droits ! mais, citoyens, a qui devons-nous cette institution vraiment républicaine ? au triomphe de la liberté ; au commissaire civil Lagarde, digne représentant du représentant du peuple. Je fais la motion que la Société fasse des remersimens au nom de tous les sans-culottes au citoyen Lagarde, instituteur de ces fêtes sublimes. — La Société a couvert le motionaire d'anplaudissemens, a accueilli avec transport sa motion et a arrêté que son discours serait inséré tout au long dans son procès-verbal et qua cet effet il serait envoyé copie de ce dernier au citoyen Lagarde. »

Cette fête des pauvres fut à Saint-Geniez l'objet d'un règlement en 11 articles. Plusieurs citoyens, « prédicateurs de morale », y sont nominativement désignés pour discourir. L'article 4 porte : « Chaque reclus, riche égoïste ou suspect qui seront désignés, se rendront au lieu destiné à la fête, et s'y tiendront debout et serviront les pauvres conformément à l'article 8, et ne toucheront aucun mets par eux apportés. » L'article 10 est ainsi conçu : « Pendant le repas, il sera porté des thoastes en l'honneur de la montagne ».

A la même date environ, Cléophas Périer, dans un rapport adressé à Chaudron-Rousseau, représentant du peuple envoyé dans l'Aveyron, exposa la situation des districts de Millau, Sévérac et Saint-Affrique, qui lui avaient été particulièrement confiés. On y lit ce qui suit relativement au district de Sévérac : « Les bois et les cavernes renferment encore des brigands et des prêtres réfractaires; on ne débarrassera le sol de la République de ces monstres qu'en profitant du moment où la terre sera couverte de neige, pour les suivre à la piste comme des bêtes féroces; mais cette opération n'aura un succès complet qu'en la faisant en même temps dans les départements limitrophes de la Lozère, du Tarn, du Cantal et de l'Hérault, où ces brigands sont disséminés et préparent une seconde Vendée. » Plus loin, en parlant des résultats obtenus, il ajoute : « J'y ai provoqué des fêtes civiques et l'envoi de missionnaires républicains pour prêcher l'amour de la liberté dans les campagnes; en général, j'ai mis la terreur à l'ordre du jour, et jusqu'à présent elle a suspendu les succès de l'aristocratie; mais elle lèverait bientôt la tête avec plus d'audace, si on oubliait un instant ces manœuvres. Sur trente ou quarante chefs de brigands, dont la tête de plusieurs est mise à prix, trois ou quatre seulement sont tombées sous le glaive de la loi. Le reste manœuvre sourdement »; etc.

4. — Un membre du comité central de surveillance de Saint-Geniez écrit à ses collègues : « Citoiens et frères je vous écrits ces deux lignes pour vous prier s'il est possible de délivrer à la porteure de la presante un double de la dénonce faitte contre Philippe Glandieres et Joseph Floret Prat d'Estain pretre. Affin qu'ils puissent combatre leur dénonciateur et subir leur jugement. Salut et fraternité. A St-Côme le; etc. »

5. — A cette date, le nombre des habitants de la commune de Rodez inscrits comme manquant de pain est de 1,223. Trois jours après, ce nombre s'était accru de 285.

6. — Extrait d'une lettre du président du comité de sûreté publique du district de Villefranche à Jean-Bon-St-André, député du Lot à la Convention : « Frère et ami, il est douloureux pour des patriotes que ceux qui ont empêché que l'esprit public ne se pervertit absolument dans cette ville, de se voir soupçonnés, par qui? par le citoyen Paganel (1), un de tes collègues... Le parti girondin, je dis mal, le parti royaliste n'est pas étouffé, mais il périra si on nous laisse faire. Nous tenons les chefs, et nous dépêchons les muscadins vers les armées. — Soutenez-nous, frère et ami, tant que nous suivrons la ligne droite, écrasez-nous si nous nous écartons du bon chemin. Tu me connais, citoyen, et je te jure que mes confrères pensent comme moi !!! »

7. — Le vice-président du comité de surveillance de Périgueux dit dans une lettre : « Le comité de surveillance établi à Périgueux par les représentants du

---

(1) Paganel (P.), né à Villeneuve-d'Agen, mort en 1826, fut membre de l'Assemblée législative et de la Convention, où il vota la déchéance du roi, puis secrétaire général aux Relations extérieures sous le Directoire. Il fut exilé en 1815. On lui doit plusieurs ouvrages, entre autres un *Essai historique sur la Révolution française*.

peuple ayant fait faire la recherche des membres de l'Assemblée de la Convention mis hors de la loy et qui nous avoient été dénoncés comme habitans des bois de ce département, nos recherches nous ont fait attraper Xavier Izarn Valady qui a été guillotiné hier matin ici. Avant d'être raccourcy il nous a fait parvenir la lettre cy-jointe (1), nous vous l'adressons pour la faire parvenir à son adresse, s'il n'y a pas d'inconvénient. »

Réquisition de certains instruments de musique pour le bataillon de l'Aveyron, dit de la Montagne, en résidence au camp de Toulouse.

8. — Les administrateurs du district de Saint-Geniez écrivent au citoyen Lagarde : « De toutes parts nous recevons des plaintes sur les divers détachements du bataillon de Gourdon; ils forcent le peuple à des contributions de tout genre; le peuple n'a pas besoin d'être irrité; il est assez désespéré par la misère... D'ailleurs ils (lesdits soldats) sont tous nuds, et dans cette saison rigoureuse l'humanité souffre de voir des frères en proie au froid et à la vermine. »

11. — Le comité de sûreté publique du district de Villefranche écrit à Taillefer : « .... Nous t'invitons à ne pas nous abandonner et à faire sentir à tous les Montagnards, que s'ils ne nous soutiennent, le royalisme, le girondisme et le fédéralisme vont renaître de leurs cendres et reprendre tout leur empire dans notre district. Nos sentiments républicains sont à l'abri de tout soupçon; aussi sommes-nous disposés à tout braver pour faire triompher cette Montagne sainte qui a sauvé la chose publique. C'est dans toi et dans tous les bons montagnards que nous mettons toute notre confiance. »

15. — Réquisition dans les neuf districts de la toile d'emballage pour les besoins de l'armée.

18. — Exécution à Rodez d'Antoine Desmazes, vi-

(1) Cette lettre, adressée à sa tante, se trouve dans les *Documents historiques*, etc., de M. de Barrau, t. 2, p. 31. Selon quelques-uns, de Valady aurait été, sur sa demande, fusillé et non guillotiné.

caire de Verlac, et de Pierre Durand, curé de Saint-Hilaire; l'un et l'autre victimes des lois démagogiques de l'époque.

L'accusateur public près le tribunal criminel écrit au Directoire du département au sujet de l'état des prisons de Rodez; il dit dans sa lettre : « De quatre cents seize prévenus qu'il y avoit dans nos prisons, il n'y en a plus que trois cent neuf. Cent sept ont été déjà jugés. Le vuide qu'a laissé l'élargissement de ce nombre d'individus n'a pas été suffisant pour me rassurer entièrement contre la crainte du mauvais état de l'air dans toutes les prisons, où les malheureux étaient entassés les uns sur les autres. » Des maladies s'étaient déjà déclarées dans plusieurs de ces prisons.

19. — Loi sur l'organisation des écoles primaires, en conséquence de laquelle il en fut établi dans un petit nombre de communes du département.

Le conseil du département et les commissaires civils révolutionnaires fixent à 3 livres par jour l'indemnité due aux membres des commissions de surveillance établies dans les chefs-lieux des districts. Pareille indemnité était allouée, par décret du 1er janvier précédent, aux membres des conseils généraux et de district.

22. — Fin de la mission dans l'Aveyron des commissaires civils révolutionnaires Lagarde, juge du tribunal du district de Cahors, et Cléophas Périer, agent national du district de Lauzerte; ils avaient été institués par Taillefer, représentant du peuple.

24. — L'église du collège de Rodez est transformée en temple de la Raison; on avait tout d'abord désigné pour cela la chapelle du séminaire.

Suppression du *maximum*.

27. — Un des délégués envoyés à Paris près la commission des subsistances par le district de Rodez mande, entre autres choses, au commissaire national de ce district : « La prise de Toulon, cher amy, a mis la joye dans tous les cœurs des vrais sans-culottes et terrassé l'aristocrasie. Les rapports ont mis l'entousiasme dans toute l'assemblée (la Convention); et puis la victoire sur les Autrichiens du côté de la Mozèle. J'espère que vous allez faire une grande fête et que vous bannirez de votre société tous les fédéralistes, feuillantistes et modérés, enfin toute cette rasse exécrable aux vrais sans-culottes. Tu n'ignores pas à quoy ils ont exposé notre deppartement. Je te prie embrasser tous nos vrais montagnards... Tout va bien icy. A dieu vray montagnard je t'embrasse. »

30. — Le Directoire du district de Rodez requiert le citoyen Lechartreux (1) de mettre à sa disposition tous les anciens registres qui sont en son pouvoir, pour être transmis immédiatement au citoyen Darramey, directeur du parc d'artillerie de l'armée des Pyrénées-Orientales, attendu que ces « *registres où sont gravés les signes de la servitude et de l'esclavage, ne peuvent être employés d'une manière plus utile pour la République qu'à la fabrique des cartouches pour exterminer les satellistes de la tyrannie* ».

31. — Par arrêté pris à Saint-Flour par Châteauneuf-Randon, délégué de la Convention dans les départements du Gard, de l'Hérault, de l'Aveyron, de la Lozère et du Tarn, les cloches encore en place doivent être descendues sans retard, les clochers ainsi que les tours démolis. « Cette mesure s'exécute dans le district de Sauveterre sans exciter de réclamations. »

Autre arrêté du même dont voici quelques articles :

Art. X. — Toutes les croix et chapelles éparses dans les champs et sur les grands chemins, et autres vestiges de féodalité et de royauté, seront abattus et démolis.

Art. XI. — Si la perpendiculaire des croix est assez large, elle sera destinée à servir de guide aux voyageurs, et à des pyramides pour y tracer le nom des grands hommes morts martyrs de la liberté pour le bonheur du peuple et pour la défense des frontières de la République.

Art. XII. — Toutes les argenteries, les ornemens des églises, cuivre et fer, seront portés dans les chefs-lieux de districts, s'ils ne le sont déjà.

(1) Receveur de l'enregistrement et des domaines à Rodez.

Art. XIII. — Les châteaux-forts élevés, et particulièrement ceux de Sévérac et de Najac, département de l'Aveyron, ainsi que les murs et les portes des communes, et particulièrement de celle de Saint-Flour, etc., seront abattus et démolis.

Autre arrêté de Châteauneuf-Randon et de Paganel relatif à l'émission par les communautés d'un vœu de maintien ou de suppression du culte public.

En conséquence de cet arrêté, il y eut des réunions générales dans toutes les municipalités. Je ne parlerai dans cette première partie de mon travail que de celle qui eut lieu au Mas-Soulier, chef-lieu de commune du district de Sauveterre. L'agent national prenant la parole, parla en ces termes : « Nous vous avons convoqués, citoyens, pour manifester vos vœux sur la renonciation au culte public; non pas à vos opinions religieuses, car la Constitution vous en garantit la liberté, mais à l'empire sacerdotal, à la tyrannie des prêtres. Citoyens, depuis la désobéissance formelle du ci-devant clergé aux lois de la République, vous n'en avez plus voulu d'aucune espèce, ni sermentés ni insermentés; aujourd'hui vous ne serez pas les derniers à le déclarer d'une manière solennelle. » — Après ce discours, « vivement applaudi », le président de l'assemblée mit aux voix la question conçue en ces termes : « Que les membres de cette assemblée qui voudront renoncer au culte public se lèvent, et que ceux qui voudront conserver le culte public restent assis ». L'assemblée en masse s'est levée; il ne s'est fait entendre qu'un seul cri : « Point de culte public; vive la République ! »

La population de la commune de Rodez était alors de 6,508 habitants, soit 2,929 du sexe masculin et 3,579 du sexe féminin.

DEUXIÈME PARTIE

1794

JANVIER

2. — Sur la proposition de l'agent national, le Conseil municipal de Saint-Affrique change le nom de cette ville en celui de « La Montagne ». A ce sujet l'agent national s'exprime ainsi : « Citoyens, lorsque l'horizon politique s'éclaire de toutes parts, lorsque le soleil de la liberté luit aux yeux des républicains, lorsque des actes révolutionnaires remplacent les antiques préjugés, nous devons nous élever à la hauteur de ces circonstances. Notre commune porte le nom de Saint-Affrique; ce nom n'est pas digne des vrais montagnards qui peuplent son enceinte. Le mot *Saint* rappelle des préjugés qu'il importe de détruire, parce qu'ils ont enfanté les maux de l'humanité. Le mot *Affrique* doit être abhorré par des hommes libres, parce que le pays qui porte ce nom est l'affreux théâtre du despotisme » ; etc.

4. — Lettre de la Société populaire de Rodez à Louis Louchet, député à la Convention : « Brave sans-culottes, la Société populaire de Rodez s'est régénérée. Elle n'a plus dans son sein que des vrais montagnards, des amis sincères du peuple et de son bonheur. Ceux-là seulement qui se sont montrés constamment à la hauteur des circonstances, et qui se sont maintenus accrochés au sommet de la montagne sainte, comptent seuls aujourd'hui parmi ses membres. Reprends avec eux ta correspondance sitôt que tes pénibles travaux te le permettront; tu as et n'as pas cessé d'avoir toute leur confiance; ils sont dignes de la tienne. Marat et Lepelletier sont au milieu de nous ; ces deux martyrs de la liberté nous ont pénétré des mêmes principes et du même courage, et leur dévouement est devenu le nôtre. Salut et fraternité. »

8. — Suspension de la fabrication des piques pour se livrer à celle des baïonnettes.

10. — Arrêté du Directoire du district de Rodez autorisant le receveur à payer au citoyen Debertier, évêque du département, son traitement pour le trimestre commençant au 1ᵉʳ octobre 1793. Ce traitement, qui était primitivement de 12,000 livres, avait été réduit à 6,000. L'arrêté suivant, du 18 prairial an 11, relatif au même objet, qualifie Debertier de « ci-devant évêque du département de l'Aveiron ». A partir de cette époque il n'y eut plus, en effet, de mandat de paiement en sa faveur.

Nomination du citoyen N... pour procéder, de concert avec les Sociétés populaires, à l'épurement des comités de surveillance du district de Saint-Geniez, avec de pleins pouvoirs pour éliminer de ceux-ci « les individus intrigants, ambitieux, aristocrates de tout genre; les hommes qui sous le vêtement d'un patriotisme exaspéré, ne tendent qu'à opprimer le peuple et à le dégoûter du régime républicain ».

12. — Séance de la Société républicaine de Saint-Côme, durant laquelle, après le chant de l'hymne de la liberté et un discours d'un membre délégué du Directoire du district de Saint-Geniez, on procède à l'épuration de cette Société. Plusieurs séances sont consacrées à cette opération. On y vote au moyen de fèves blanches et noires. L'épuration terminée, on procède à la formation d'un comité de surveillance.

13. — Le comité de surveillance de la commune de Saint-Geniez écrit aux « sans-culottes » composant le comité de surveillance de la commune de Rodez : « L'intervalle qui s'est passé entre votre lettre et la réponse de ce jour a été employé à prendre des informations sur le compte de Bourillon, inspecteur des droits d'enregistrement. Le résultat n'a rien produit ni pour ni contre. On se rappelle seulement que de quelques rapports qu'il fit en 1789, il faillit en résulter des choses funestes contre nos meilleurs patriotes. On demeure encore informé qu'il était du club monarchique de Millau à la même époque; les individus de cette plume ont rarement du civisme. »

15. — Exécution à Rodez de neuf personnes condamnées le même jour par le tribunal criminel du département.

La Société des sans-culottes de Saint-Antonin arme et équipe à ses frais un cavalier pour la défense de la patrie.

21. — Exécution à Rodez d'un jeune homme de vingt ans, condamné le même jour par le tribunal criminel.

23. — Le directeur économe du séminaire rend compte de la recette et de la dépense faites du premier janvier au 31 décembre 1793. Recette, 4,856 livres; dépense, 4,743 livres.

25. — Arrêté de Paganel, délégué de la Convention dans les départements du Tarn et de l'Aveyron, portant réquisition du fer blanc et du cuivre rouge qui pourraient se trouver chez les émigrés et dans les maisons devenues propriété de la nation.

A cette date, 86 cloches sont déposées à l'entrepôt d'Espalion. Toutes, à l'exception d'une seule, furent envoyées à Montauban.

26. — 48 personnes sont mises en réclusion par le comité de surveillance de Villecomtal. La liste en avait été dressée sur la réquisition d'Etienne S..., délégué du représentant du peuple.

27. — Comités de surveillance du district de Rodez : Rodez, Saint-Mayme, le Bourg-Saint-Sernin, Olemps, Sainte-Radegonde, Onet-la-Plaine, Cassagnes-Bégonhès, Arvieu, Comps-la-Grandville, Agen, Gages, Clairvaux, Balsac, Nuces, Rodelle, Bozouls, Sébazac, Muret, Flavin, Trémouilles, Ceignac, Luc, Marcillac, Mouret, Valady, Salles-la-Source, Moyrazès, Ampiac, Pont-de-Salars. Ces 29 comités, formés par arrêté du Directoire du district, devaient, de concert avec les municipalités, concourir à l'application des lois révolutionnaires et de sûreté générale.

28. — Le Conseil général de la commune de Saint-Geniez-d'Olt adresse une demande de secours en grains à l'adjudant général Lamarque, commandant de la force armée dans le département. «..... Juge quelle doit être notre triste situation ! Elle est désolante. Nous venons donc avec confiance recourir à ton humanité, et te demander 80 quintaux, poids de marc, de farine qui nous sont indispensables pour pouvoir écarter pendant quinze jours de notre enceinte les horreurs de la famine. » Beaucoup de communes du district de Rodez étaient dans la même situation.

29. — Arrêté de Châteauneuf-Randon en interprétation d'un autre relatif aux cloches, clochers et tours. Son article 3 porte : « Les tours servant d'appui ou d'escalier aux maisons, autres que celles dont la position et une construction insultante à l'égalité méritent la démolition, doivent être abattues jusqu'à la hauteur du bâtiment et aux frais des propriétaires. »

Lettre de Paganel, représentant du peuple, à l'agent national du district de Rodez, lui annonçant qu'il compte arriver « avant la prochaine décade » pour, au nom de la Convention, organiser le gouvernement révolutionnaire dans l'Aveyron, et l'inviter à tout disposer afin de n'éprouver aucun retard, même en ce qui concernait les détenus, sur le sort desquels il avait mission de prononcer.

Exécution à Rodez d'un étranger au département, condamné le même jour par le tribunal criminel.

FÉVRIER

1er. — Paganel confirme les délégués désignés par son collègue Châteauneuf-Randon et par la Société populaire de Rodez pour l'épuration des fonctionnaires publics, après avoir recueilli les vœux des Sociétés populaires, et pour préparer l'organisation du gouvernement révolutionnaire.

Paganel autorise la mise en liberté des citoyens de Sauvetetre, laboureurs de profession ou manouvriers, qui avaient été mis en réclusion pour cause d'opinion religieuse et non pour d'autres motifs de sûreté générale.

2. — Certificat d'instruction délivré à Joseph Vesin « par l'inspecteur des élèves en armes, salpêtres et poudres ». Il reçoit en outre la mission « d'instruire ses concitoyens sur l'art de fabriquer le salpêtre, la poudre et les canons, pour exterminer à jamais les odieux ennemis de la liberté et de l'égalité ».

3. — Soubrany, représentant du peuple près l'armée des Pyrénées-Orientales, adresse à son collègue et ami Châteauneuf-Randon une lettre contenant le passage suivant : « Le décadi dernier, on a célébré à Perpignan la fête des Victoires... Elle sera célébrée avec solennité au milieu du camp le décadi prochain. La raison fait quelques progrès dans ce pays fanatisé : on a arrêté hier à la Société de faire abattre tous les signes extérieurs du culte, et surtout les soi-disants saints qui montent la garde dans les rues. »

Après la renonciation au culte public décidée dans le temple de la Raison à Rodez, à l'unanimité des voix moins deux, les montagnards de cette ville, composant la Société républicaine de la commune, rédigèrent une adresse à la Convention dont voici le texte :

« Législateurs — Réunis en assemblée générale avec tous les habitants de Rodez convoqués dans le temple de Raison (la cathédrale), nous venons d'éprouver son heureuse influence et de lui rendre un hommage digne d'elle.

Après une discussion paisible et large, nos concitoyens ont vu le danger dont menaçait l'unité de la République la bizarre diversité des cultes publics, et l'impossibilité de les réduire à un seul sans les détruire tous.

Ils se sont convaincus de l'inutilité des pantomimes soi-disant religieuses, aussi indifférentes à la divinité qui en était l'objet apparent, que profitables aux seuls principaux auteurs qui en avaient la direction.

Ils ont senti le besoin de faire disparaître tous les intermédiaires qui s'opposaient à la communication intime de l'homme avec son créateur.

Que l'esclave, toujours vil, s'adresse à un autre esclave pour faire parvenir à son maître ses humbles et timides supplications ! L'homme libre a la conscience de sa dignité ; il sait que l'hommage d'un républicain n'a pas besoin d'interprète, de chant ou de cérémonial pour être agréable à l'Eternel.

Que la superstition et l'idolâtrie se réfugient dans les temples ! L'homme vertueux porte dans son cœur celui de la divinité.

Pénétrés de ces motifs élevés à la hauteur des circonstances, tous les citoyens de Rodez ont librement, dans l'effusion de la joie, les épanchements de la fraternité et les transports de l'enthousiasme le mieux prononcé, voté, à l'unanimité, la renonciation solennelle à tout culte public, au milieu des cris mille fois répétés, des expressions synonymes : Vive la République ! Vive la Montagne ! Vive la Convention !

Revenus à jamais des longues erreurs de nos dieux, nous nous félicitons de pouvoir les utiliser, en déposant dans les creusets ou les fonderies de la nation les résultats aussi pompeux que stériles du luxe de nos pontifes et de la pieuse crédulité de leur troupeau.

La commune de Rodez s'enrichit en vous offrant les magnifiques dépouilles de ses églises. Elles consistent en 800 marcs d'argent ; 35,396 livres de matière de cloche ; 40,262 livres de fer ; 11,846 livres de bronze ; 332 livres de cuivre rouge ; 1,330 livres de plomb et 326 livres d'étain.

Le bruit du canon et celui du tambour étant les seuls signes de ralliement des républicains, nous allons travailler à la démolition de nos clochers qui, désormais, insulteraient inutilement à l'égalité en rappelant des souvenirs qui sont déjà loin de nous. Un seul sera conservé, parce qu'il représente un monument cher aux amis des arts, et que nous pouvons faire pardonner à sa destination première en le consacrant à la liberté.

En extirpant jusqu'aux derniers vestiges du fanatisme, nous avons fait un grand pas vers la paix de l'intérieur. Pour concourir à celle du dehors, nous venons d'armer et d'équiper deux cavaliers jacobins; le cinquième de notre population est aux frontières; par plusieurs envois de couvertures, de roupes, de chemises, de bas et de souliers, faits à ces braves frères d'armes; par des souscriptions en faveur de leurs familles, nous avons cherché à nous acquitter d'une partie de ce que nous leur devons.

C'est à vous, représentants du plus puissant des peuples, puisqu'il en est le plus libre, à dicter, avec la paix, l'arrêt de mort des tyrans; leur acte d'accusation est dressé. Restez à votre poste jusqu'à ce que tout ce qui porte le nom de roi ait été forcé d'abandonner le sien. » (Voir au 22 du même mois.)

4. — Le comité de sûreté générale fait arrêter à Paris Jean de La Croix de Castries, évêque de Vabres.

État des frais occasionnés par la descente des cloches dans le canton de Concourès :

A Fijaguet-Rodelle, 2 cloches, 10 livres; à Concourès, 2 cloches, 10 liv.; à Sébazac, 2 cloches, 10 liv.; à Onet-l'Église, 1 cloche, 5 liv.; à Gilhorgues, 1 cloche, 5 liv.; à Vérayrettes, 1 cloche, 5 liv.; à Sainte-Eulalie-du-Causse, 2 cloches, 10 liv.; à Rodelle et Maimac, 5 cloches, 25 liv.; à Brussac, 1 cloche, 5 liv.; à Bozouls, 2 cloches, 10 liv.; à Bezonne, 1 cloche, 5 liv.; à Muret, 2 cloches, 10 livres; à Barriac, 2 cloches, 10 liv.; à Lanhac, 2 cloches, 10 liv.; à Saint-Julien-de-Rodelle, 1 cloche, 5 liv.

Épuration des autorités constituées du district de Sévérac par la Société montagnarde de l'endroit. « Le citoyen N..., maire et président de la Société, s'étant présenté à la tribune pour être épuré, l'ex-président a pris place au fauteuil et a interpellé les membres de la Société à prendre la parole, s'ils avaient quelque reproche à faire au membre présent à la tribune relativement à sa conduite républicaine. Personne n'ayant pris la parole contre lui, il a été délibéré que le maire de la commune n'avait pas cessé de mériter la confiance publique. On a ensuite épuré le juge de paix et son greffier, qui ont été à l'unanimité jugés dignes de remplir par leur républicanisme les devoirs de leur charge. »

5. — Lettre des délégués des représentants du peuple dans le district de Sauveterre à l'agent national de ce même district, dans laquelle on lit ce passage : « Nous avons été faire une visite à la maison de réclusion ; nous avons été scandalisés du peu d'ordre qui y règne. On prendrait cette maison pour une auberge ; la porte en est ouverte à tout le monde. Tu sais que la loi défend aucune communication avec ces êtres malfaisants. »

Ces mêmes délégués visitent les châteaux, tours et églises autour de Sauveterre, « pour faire abattre et détruire tous les signes de royauté et de féodalité ». Deux jours après, ils enjoignent à la municipalité de cette ville d'avoir à abattre les croix, les signes féodaux ainsi que les tours et les portes de Sauveterre.

8. — Cent soixante citoyens de Saint-Rome-de-Tarn et la municipalité, réunis dans le temple de la Raison, renoncent unanimement au culte public.

Dans une réunion très nombreuse tenue dans la salle de la Société républicaine, les habitants de Marcillac renoncent unanimement au culte public, « au milieu des cris d'allégresse de : Vive la République ! Vive la Montagne ! » Il y fut dit « que les fonctions extérieures du culte ne touchaient en rien à l'essence de la religion ». Sur 31 communes du district de Rodez, dont nous avons vu les procès-verbaux, 25 renoncèrent au culte et 6 en votèrent le maintien.

Arrêté du Directoire du district de Rodez, dont les deux premiers articles sont ainsi conçus : « Art. 1er Tous les riches individus reclus seront tenus de fournir chacun en droit soi à la subsistance journalière des pauvres reclus, à moins qu'ils justifient d'une manière bien positive qu'ils sont dans l'impuissance de fournir. — Art. 2. Tous les vivres qui leur seront portés, de quelle nature et qualité qu'ils puissent être, seront consommés en commun, sans distinction de rang et de place. Auquel effet, le chef de poste commandant la garde de la maison de réclusion aura le soin de rassembler dans une chambre ou le local suffisant tous les reclus, où il fera dresser une table sur laquelle seront déposés tous les comestibles et boissons, pour être le tout mangé et bu en commun. »

Tous les citoyens de La Panouse-de-Sévérac abdiquent « victorieusement l'exercice public de leur culte ». — Quelques jours auparavant ceux de Gaillac, du même district, en avaient unanimement voté le maintien.

9. — La très grande majorité des habitants de Broquiès, réunis sur la place publique, votent le maintien du culte public.

Les citoyens de Saint-Affrique, réunis dans le temple de la Raison, renoncent, « à la presque unanimité, à l'exercice du culte public ». Cette résolution fut précédée d'un discours « très énergique contre la superstition et le fanatisme », dans lequel l'orateur fit valoir que déjà plusieurs communes avaient abdiqué les abus qui les opprimaient, et qu'elles se bornaient à adorer l'Être suprême par la pratique des vertus, l'obéissance aux lois et la haine des vices.

Le Directoire du district de Rodez, convaincu que « dans un gouvernement républicain ce serait un crime de laisser les uns dans une honnête abondance, tandis que le plus grand nombre serait dans la plus affreuse détresse », nomme une commission chargée de se rendre dans les différentes communes du district, afin d'y mesurer les grains qui s'y trouvaient chez les particuliers, et de laisser à ceux à l'égard desquels elle fera « des réquisitions, des subsistances pour deux mois, les semailles exceptées, comme chose sacrée ».

Les habitants de Sauveterre renoncent au culte public. En conséquence de cette renonciation, les délégués des représentants du peuple, « considérant que la philosophie et la raison prêchées par la Société montagnarde de Sauveterre viennent de remporter une grande victoire sur le bon peuple de cette commune, qui vient d'écraser sans retour l'hydre du fanatisme; considérant qu'il est instant que les autres communes du district imitent le grand exemple qui vient de leur être donné en s'affranchissant du joug des ministres du sacerdoce, qui jusqu'ici ont été les apôtres de l'erreur et du mensonge, arrêtent : Art. 1er. L'église ci-devant paroissiale de la commune de Sauveterre sera fermée sur le champ et ne se rouvrira que lorsque tous les monuments de superstition seront abattus et transformés en signes de liberté. — Art. 2. Ce bâtiment sera appelé *Temple de la Raison*. Ce sera là que le peuple ira s'instruire sur ses droits et reconnaître sa souveraineté si méconnue jusqu'à ce jour. Ce sera là que la municipalité fera lecture des sages lois émanées de la Convention nationale. — Art. 3. »; etc.

Les habitants de la commune d'Ayrinhac, interrogés sur le point de savoir s'ils veulent ou non abdiquer leur culte, répondent à haute voix et unanimement, « vouloir être du culte catholique, apostolique et romain, qu'ils ont toujours pratiqué et vouloir mourir dans cet état ; mais cependant ont aussi répondu un chacun et de suite proclamé à haute voix, qu'ils sont fidèles à la nation, qu'ils veulent maintenir la liberté, l'égalité, l'unité et l'indivisibilité de la République, de mourir même en la deffendant. »

La municipalité de Saint-Just, chef-lieu de canton, demande des secours aux délégués des représentants du peuple dans le district de Sauveterre. « ..... Quatre différents recensements ont été faits, et le dernier a présenté un résultat effrayant pour l'avenir : les grains sont à un point de rareté que bientôt il n'en existera plus dans la commune. »

10. — Les *brigands*, au nombre d'une trentaine, ravagent le district de Saint-Geniez. Un des deux détachements envoyés contre eux est surpris, dans la nuit du 9 au 10 février, à Mandailles. Les volontaires qui le composent sont désarmés, dégradés et renvoyés « après avoir prêté le serment de ne jamais porter les armes contre le roi Louis XVII ni contre la religion ».

11. — Première séance du comité révolutionnaire et de surveillance de Bozouls. Formation du bureau, dont le renouvellement avait lieu chaque quinze jours.

12. — Le citoyen Monteil, père d'Amans-Alexis l'historien, adresse la lettre suivante au comité de surveillance de Rodez : « Citoyens, je ne puis pas cesser de vous importuner, parce que je ne cesse pas d'être innocent. Je vous supplie à deux genoux de me juger définitivement et de me rendre une liberté que je n'aurais jamais dû perdre, parce que je n'ai jamais été coupable. Je vous redemande la grâce de me confronter avec mon dénonciateur et avec les deux citoyens qui étaient avec lui près le village de Grandcombe, si vous ajoutez quelque foi à l'imposture la plus atroce. Je vous supplie encore de me confronter avec tous ceux qui ont pu attaquer mon civisme, dont j'ai donné toutes les preuves possibles par une obéissance volontaire aux lois. J'en ferais le détail s'il ne devait pas vous ennuyer. Permettez-moi, citoyens, de vous prier de me rendre une prompte justice; ma situation, sous tous les rapports, le demande, et l'intérêt de la République l'exige, parce que je suis entièrement occupé de l'agriculture, qui a souffert et qui souffre de mon arrestation. J'ai eu, citoyens, dans deux périodes différentes de ma vie, deux attaques d'hydropisie; j'en crains une troisième; mes jambes sont très gorgées tous les soirs; c'est un fait : le seul exercice et le travail à la campagne m'en garantit. Pourquoi précipiter les jours d'un innocent, qui n'a jamais eu l'envie de faire la plus petite peine à personne; c'est encore un autre fait dont la preuve contraire est impossible. J'ai vendu ma maison et la meilleure partie de mes meubles et je n'ai presque plus rien ici. Il faut que l'on me porte tous les jours à manger de la campagne, où je serais utile à la République. Si j'avais trente ans de moins, j'irais m'incorporer dans les armées où servent un de mes enfants et trois grands garçons d'une de mes sœurs. Ils déposeraient tous des sentiments que je leur ai inspirés en partant et en donnant à chacun ce que j'ai pu. De grâce, citoyens, jugez-moi définitivement et faites-moi bien punir, je vous prie, si jamais l'on me prouve que je suis coupable. — Salut et fraternité. Monteil. »

13. — Exécution à Rodez de l'abbé Guillaume Trémolières, curé d'Asprières, natif de Linson, près Saint-Affrique-du-Causse. Suivant autre renseignement, il aurait été guillotiné le 17, le jour même de sa condamnation.

Le président « de la Société des sans-culottes montagnards de Sauveterre », écrit aux délégués des représentants du peuple : « Je vous adresse un extrait du procès-verbal de la séance intéressante de la Société du 18 du courant (pluviôse an II). Vous pouvez être assuré qu'elle s'attachera à vous prouver son exactitude et son entier dévouement aux apôtres de la Révolution. »

14. — Le représentant du peuple Paganel écrit de la Montagne (St-Affrique) à l'agent national du district de Rodez, lui annonçant qu'il arrivera prochainement dans cette dernière ville, et l'invitant à lui faire préparer « une maison d'émigré ou de reclus ».

15. — Arrêté de Paganel relevant de leurs fonctions les délégués nommés dans chaque district par son collègue Châteauneuf-Randon, afin d'activer l'organisation du gouvernement révolutionnaire dont il était chargé dans le Tarn et l'Aveyron.

16. — Réunion à Belmont durant laquelle la renonciation au culte public est votée à l'unanimité.

Najac imite l'exemple de Belmont. Plusieurs discours furent prononcés dans lesquels les orateurs firent « savamment » connaître « en idiome patois » la distinction qu'il fallait faire entre la religion et ses préceptes d'une part, et la superstition et le fanatisme. L'assemblée vota à l'unanimité pour la renonciation.

Les délégués des représentants du peuple écrivent aux membres de la municipalité de Sauveterre : « Vous êtes requis de nouveau de faire descendre de suite les cloches et de démolir le clocher à hauteur du bâtiment de l'église; comme aussi de faire abattre les tours, portes et murs de votre commune, le tout à peine de responsabilité. »

17. — Le détachement du bataillon des volontaires du Montblanc, en garnison à Sauveterre, reçoit l'ordre de se rendre à Réquista et à La Selve, « où l'on craint qu'il ne se lève des mouvements ».

Paganel, représentant du peuple, est prié de répondre à

la question suivante : Lorsque des communes auront refusé de renoncer à l'exercice du culte public, doit-on laisser subsister la décoration de leurs temples et leur abandonner le harnais de leurs ministres?

La communauté de Saint-Saturnin vote à l'unanimité « qu'elle persiste dans son ancienne religion, mais qu'elle en abandonne le culte public ».

Epuration des fonctionnaires du canton du Pont-de-Salars par les délégués des représentants du peuple, avec l'approbation du comité de surveillance dudit canton. Le nombre des fonctionnaires déclarés indignes fut : de 12 pour la municipalité du Pont-de-Salars; de 6 pour celle de Saint-Georges-de-Camboulas; de 7 dans celle de Prades-de-Ségur; etc. Il est dit au sujet de la municipalité des Conquêtes : « Cette municipalité n'étant pas dans les bons principes, doit être réunie à celle de Canet, qui en fera les fonctions provisoirement. »

18. — Le tribunal criminel siégeait alors dans les bâtiments du collège de Rodez; il y avait aussi en réclusion un certain nombre de suspects; et l'église de cet établissement avait été érigé en temple de la Raison.

19. — Arrêté de Paganel, portant que les familles qui auront au-delà de 50 livres de grains ou farines remettront le surplus dans les greniers publics.

Paganel requiert l'administration du district de Rodez « de faire fournir de l'avoine pour les dix chevaux à son service, jusqu'à son départ ».

Le même prend un arrêté portant recensement des farines et grains et établissement de greniers publics dans les municipalités

20. — Les citoyens de la commune d'Outrol votent à l'unanimité le maintien du culte public.

21. — Arrêté de Paganel portant que tous les parents d'émigrés, non atteints d'infirmités graves et mis en arrestation chez eux, seront conduits dans les maisons de réclusion.

Exécution à Rodez de l'abbé Joseph Puech, vicaire de

Burlatz, district de La Caune; il avait été condamné le même jour par le tribunal criminel de Rodez.

22. — Réorganisation par arrêté de Paganel du département et du tribunal criminel. Voici un des considérants de cet arrêté : « Considérant que pour atteindre l'objet de la loi du 14 frimaire, accomplir le vœu du peuple et répondre aux intentions de la Convention nationale, nous ne devons confier les fonctions publiques qu'à des citoyens qui réunissent aux lumières et aux vertus un courage éprouvé par les travaux, la constance et les sacrifices que l'amour de la liberté commande; à des hommes enfin dont l'énergie républicaine relève et soutienne la confiance des patriotes, glace de terreur et d'effroi tous les ennemis de la Révolution... »

Des habitants de la commune de Rodez adressent une pétition à Paganel en faveur du rétablissement du culte; ils y déclarent que lors de la réunion générale du 15 pluviôse précédent, à la première épreuve, 30 citoyens au plus sur 800 avaient voté la suppression du culte, et que le vote qui eut lieu en seconde épreuve fut donné après des discours pleins de menaces et de tromperies. Cette pétition portait 56 signatures, et il était dit, en outre, qu'un grand nombre d'autres citoyens, artisans et ouvriers, ne sachant signer, réclamaient aussi le culte public et offraient d'aller témoigner de leur désir devant Paganel, s'il l'exigeait.

Le Directoire du département, conformément à la décision de Paganel, ordonne la mise en liberté de 36 personnes détenues dans diverses maisons de réclusion de Rodez, « à la condition par elles de se présenter dans le délai de trois jours au Directoire de leur district respectif, qui les fera conduire dans la maison de réclusion si, par leur conduite, elles sont dans le cas d'être traitées comme suspectes, ou qui, dans le cas contraire, les laissera rentrer dans leur domicile ».

Arrêté de Paganel relatif à la taxe de guerre établie par Bo et Chabot et aux contributions établies par les comités centraux de surveillance. On y trouve ce passage : « Considérant que les patriotes ne doivent pas être atteints par les mesures dirigées contre ceux qui outragent la liberté par des sentiments inciviques ou qui s'en montrent indignes par leur égoïsme. »

Rapport de l'agent national près le district d'Aubin à Paganel. Il finit ainsi : « Il est des communes qui ont demandé si après avoir démantelé leurs clochers et après en avoir fait disparaître toutes les marques, elles ne pouvaient pas être autorisées, sans les démolir jusqu'à la hauteur du bâtiment de l'église, à y placer la statue de la liberté, de Marat et de Lepelletier, avec des inscriptions civiques à l'entour. La réponse a été l'exécution littérale de l'arrêté de Châteauneuf-Randon. »

Arrêté de Paganel relatif au transfert à Bordeaux des 200 ecclésiastiques environ en réclusion dans la commune de Rodez et passibles de la déportation : « Art. 2. — Ils seront conduits 50 par 50 et de brigade en brigade jusqu'à Moissac. — Art. 3. — Le premier départ s'effectuera le 14 du présent mois (ventôse) ; le second, cinq jours après ; et ainsi successivement de demi-décade en demi-décade. — Art. 6. — A mesure de l'arrivée des convois à Moissac, les ecclésiastiques seront déposés dans une maison de réclusion jusqu'à ce que le dernier aura été effectué, de manière que tous les ecclésiastiques soient tous à la fois embarqués pour Bordeaux. »

23. — « A Rullac, le 5ᵉ ventouse l'an second de la République française une et indivisible. La muicipalité et le comité de surveillance se sont assemblés à la maison commune pour délivrer (délibérer) à la recherche des prêtres et des gens suspects. Tous assemblés nous avons faits la recherche de village en village, granges et maisons et autres objets, dont nous n'avons trouvé aucun prêtre ny aucun révolutionnaire à la loy. La municipalité et le comité a fait tenir le décadi au jour par écrit (prescrit) par la loy. » Suivent cinq signatures.

Arrêté du Directoire du département au sujet de l'exécution de celui de Paganel relatif à des plantations d'arbres le long des routes. Les considérants de ce dernier arrêté sont ainsi : « Considérant que la plus nombreuse et la plus respectable partie du peuple français, les pauvres sans-culottes et les habitants des campagnes, doivent être dédommagés, sous un gouvernement républicain, de l'oubli dans lequel on les laissait sous le régime despotique ; considérant qu'il est de toute justice de procurer aux citoyens qui voyagent à pied la commodité qu'ils doivent attendre d'une administration paternelle; considérant combien il importe de réparer la grande consommation de bois de construction, de charpente et de charronnage que la République est forcée de faire pour écraser à jamais les tyrans et leurs esclaves coalisés contre notre liberté, arrête » ; etc.

Les citoyens de Recoules-Prévinquières votent la suppression du culte public.

24. — Arrêté de Paganel relatif « aux citoyens égarés qui accusent d'aristocratie les citoyens des communes qui ont eu le courage de renoncer au culte public pour professer en hommes libres le culte de la Raison »... « Considérant qu'un tel renversement d'idées ne peut être que l'ouvrage de prêtres fanatiques qui veulent perpétuer l'ignorance des habitants des campagnes pour maintenir leur empire sur les consciences et jouir des tributs qu'ils imposent à la crédulité » ; etc.

Le sieur Vachette est désigné pour se transporter sur différents points du département à l'effet « d'y enseigner le travail du salpêtre ».

26. — Arrêté de Paganel portant que chaque ouvrier employé à l'extraction du salpêtre recevra le pain de l'étape.

L'agent national près le district de Sévérac informe le comité de salut public qu'il a été fait choix des citoyens Joseph Vezin, de Buzeins, et de François Thibaud, du moulin de Gary, présentés par la Société populaire de Sévérac pour suivre les cours relatifs au raffinage du salpêtre, à la fabrication de la poudre, au moulage, fonte et forage des canons.

27. — Conformément au rapport du citoyen Geniez, officier de santé, des mesures sont prises pour l'évacuation des couvents des Capucins et des Cordeliers de Rodez, où s'étaient déclarées des maladies contagieuses parmi les personnes qu'on y avait enfermées.

28. — Paganel écrit de Toulouse pour informer l'administration de notre département qu'il va se rendre près de la Convention afin de lui faire connaître la situation des départements du Tarn et de l'Aveyron relativement aux subsistances et l'invitant, en cas de besoin, à s'adresser à son collègue Bo, représentant du peuple, délégué dans les départements du Lot et du Cantal.

Distribution du procès-verbal d'une séance de la Société populaire montagnarde de Rodez, contenant une lettre de Debertier, ci-devant évêque du département, à Paganel, et la réponse de celui-ci. Invitation d'en faire donner lecture dans les Sociétés populaires des districts.

MARS

1er — L'agent national du district d'Aubin dit dans son rapport décadaire au comité de salut public, au sujet « des opinions religieuses et des mesures prises pour éclairer les esprits faibles : On ne peut dissimuler au comité que le fanatisme ne jette encore quelques étincelles faibles et rares dans l'obscurité et dans le silence. L'administration s'efforce de les éteindre par la tolérance et la force de la raison toutes les fois que l'ordre public n'est pas troublé. De temps à autre on arrache quelques armes à la superstition. Quelques clochers sont déjà démolis. Plusieurs communes ont obéi à l'arrêté de Châteauneuf-Randon et nous ont remis, avec l'argenterie et ornements de leurs églises, le procès-verbal de leur renonciation à l'exercice du culte public. »

Jean-Antoine Chaptal, inspecteur des poudres et salpêtres de la République, charge le citoyen Antoine Barge de se rendre dans les départements de l'Aveyron et de la Lozère, très riches en salpêtre, pour y former, avec l'appui des autorités locales, des établissements de salpêtre et potasse, et y former des ouvriers propres à les faire fonctionner.

3. — Le comité de salut public donne mission à Borie,

représentant du peuple, de se rendre à Saint-Geniez pour connaître d'une plainte de l'administration de ce district contre la municipalité de cette ville.

Arrêté de Paganel qui écarte des fonctions publiques et particulièrement de celles d'officiers publics tous les curés, vicaires et prêtres qui s'étaient « maintenus dans l'exercice de leurs fonctions dites religieuses et ecclésiastiques ». Le considérant de cet arrêté est ainsi libellé : « Considérant que les motifs qui ont déterminé une partie des prêtres du culte catholique à préférer l'exercice de leurs fonctions à l'honorable retraite qui leur a été proposée par la Convention nationale, leur font préférer aussi leurs vieilles pratiques et leurs maximes anti-sociales aux principes de liberté et d'égalité qui dirigent la conduite de tout vrai républicain, arrête » ; etc.

4. — L'agent national près le district d'Aubin adresse à Paganel une lettre qui se termine ainsi : « Maintenant que tu es sur le point d'entrer dans le nôtre (département), je te félicite d'avance de tout le bien que tu vas y opérer. Tu trouveras dans ce district des sans-culottes qui aiment l'égalité, la liberté et les représentants qui n'ont cessé de siéger au sommet de la montagne. »

Lettre de la municipalité de Buzeins à l'agent national près le district de Sévérac-la-Montagne : « Nous ne cessons point notre vigilance, et jusqu'à ce que le calme soit entièrement rétabli nous fraperons tout rebelle aux loix, tout perturbateur de la tranquilité publique dussions tous nous périr victimes de nôtre zèle de notre patriotisme. Rien ne pourra ebranler des sans culottes qui ont juré que tous les tirents doivent périr. L'épée de Damoclès plane sur toute la superficie du pays. Ici nous punissons les cooperateurs des despotes.

Je te fais passer le cathalogue des detenus de notre commune avec les motifs de leur arrestation seulamant car ils sont consignes chez eux.

Comme frere et ami je te parle neivemant si dans nos procedes nous nous sommes ecartes veuilles je te prie nous faire connaitre nos fautes. Tu sais mieux que moi l'erudition que possede un coumite de commune comme la notre il ni a que 3 mambres qui sachoient signer. Salut et fraternité. »

Milaud et Soubrany, délégués de la Convention près l'armée des Pyrénées, mettent en réquisition les souliers pour les besoins de ladite armée. Art. III. Ceux qui n'ont qu'une paire de souliers seront tenus de les remettre au district et prendront des sabots. — Art. VI. Tout dénonciateur recevra une récompense de cinq cents livres.

6. — Adjudication de la démolition du clocher de Montagne-sur-Sorgues, ci-devant Saint-Affrique. Le 15 avril suivant ce travail était en cours d'exécution.

8. — La municipalité de Rodez invite la Société populaire de cette ville à assister le surlendemain à la plantation d'un arbre de la liberté. Cet arbre devait être vivant : « Le gouvernement républicain ne souffre rien d'inutile ; il veut que dans son sein tout y soit vivant et productif, jusques aux signes sacrés de la liberté. »

9. — Répartition entre les districts des 35,000 quintaux de grains accordés par la commission des subsistances et des approvisionnements de la République, à prendre sur les premiers convois qui entreraient dans le port de Cette : Rodez, 4,050 quintaux; Millau, 3,025 q. ; Mur-de-Barrez, 3,310 q. ; Aubin, 4,210 q. ; Saint-Affrique, 4,920 q. ; Saint-Geniez, 3,460 q. ; Sauveterre, 3,110 q. ; Villefranche, 6,350 q. ; Sévérac, 2,565 q.

14. — Arrêté du Directoire et du conseil du district du Mur-de-Barrez contre certains prêtres insermentés, accusés de continuer à résider dans des communes qui ont « abdiqué les erreurs de la superstition », pour y égarer les faibles, troubler le repos public, solliciter des émeutes et entraver la marche de la raison. « Considérant, y est-il dit, que les lumières de la raison sont assez répandues pour qu'enfin il n'y ait plus lieu à aucune déprédation, et qu'il importe enfin que les sots seuls payent les fripons et charlatans dont ils aiment à être dupes et qui se placent entre la patrie et la raison. » L'article 3 de cet arrêté est ainsi conçu : « Le présent arrêté sera envoyé au comité de salut public et au représentant du peuple Paganel, pour les inviter à provoquer un décret qui charge les communes

qui n'ont pas renoncé au culte public à salarier leurs vendeurs de mensonges, et qui prévienne les troubles qui peuvent naître de la diversité d'opinions entre les communes et les citoyens. »

17. — Etats des plus nécessiteux de quelques communes du district de Sévérac, non compris dans ces états les familles des défenseurs de la patrie : Sévérac, 194 ; Sarmonta, 58 ; La Panouse, 132 ; Saint-Grégoire, 15 ; Saint-Dalmazi, 292 ; Novis, 50 ; Lavernhe, 64. — A la même date, les indigents par cantons étaient : pour Sévérac, 849 ; Coussergues, 353 ; Gaillac, 407 ; Laissac, 457 ; Saint-Laurens, 281 ; Saint-Léons, 269 ; Saint-Saturnin, 554 ; Ségur, 418 ; Vesin, 212.

18. — Le citoyen Vachette, instructeur pour la fabrication du salpêtre dans l'Aveyron, invite les administrations de district à nommer au plus tôt chacune un agent et à l'envoyer à Rodez pour y apprendre à récolter et à préparer cette matière.

20. — Extrait du rapport décadaire du Directoire du district de Sévérac au comité de salut public : « Un des principaux objets de nos sollicitudes est dans ce moment la disette qui se fait sentir d'une manière si alarmante, que déjà dans plusieurs communes on mange du pain de gland et des racines qui jusqu'ici n'avoient servi de nourriture qu'aux pourceaux. »

Après un discours de P. G., prêtre et vicaire de Coussergues, une partie de la population de cette paroisse renonce au culte public. Le vicaire donne l'exemple de la renonciation et tous ensemble déclarent que l'église sera désormais le temple de la Raison.

23. — Demande d'un local sûr pour y déposer le fer et les autres métaux provenant de la « ci-devant église des Jésuâtres » de Rodez », lesquels sont estimés peser « douze cents quintaux ».

24. — Premières visites domiciliaires dans la commune de Rodez. Elles avaient pour objet « la recherche des grains, des armes de calibre, des déserteurs et personnes suspectes ».

25. — Robespierre jeune, Ricord et Saliceti, conventionnels délégués près l'armée d'Italie, prennent un arrêté relativement aux peines à infliger aux citoyens de 18 à 25 ans appelés à en faire partie et qui n'auraient pas rejoint leur corps dans les 24 heures. Les départements compris dans l'arrondissement de cette armée étaient : les Basses-Alpes, le Var, les Bouches-du-Rhône, le Gard, l'Hérault, l'Aveyron, la Corrèze, le Tarn et la Corse.

27. — Le comité de salut public, informé de l'état vraiment inquiétant dans lequel se trouvent la Lozère et l'Aveyron par suite du manque de ressources alimentaires, arrête que le département du Tarn fournira dans dix jours à celui de la Lozère 30,000 quintaux de grains, et à celui de l'Aveyron 70,000.

28. — Il y avait alors à Rodez cinq maisons de détention : l'Annonciade, les Capucins, Notre-Dame, les Cordeliers ou maison de justice, et la prison du Bourg, dite maison d'arrêt. La tour de l'évêché servit aussi de prison. Beaucoup de gens suspects furent enfermés dans ces différents lieux; mais un grand nombre d'autres furent consignés dans leurs propres habitations.

29. — Extrait du rapport fait par Jean-Joseph Bastide et Marie-Rose Bastide, frère et sœur, de Laissac, au sujet du pillage et de la destruction de leur maison par Vitou, commandant l'armée révolutionnaire : « Quand leur maison fut entièrement détruite et pillée, il fit conduire la déclarante du corps de garde, où elle était enfermée, dans la basse-cour de sa maison. Là il lui annonça qu'il alloit lui faire trancher la tête si elle ne disoit où son aïeule avoit caché l'argent dont il la supposoit propriétaire. La déclarante n'en savoit rien; elle le dit ainsi; et le barbare Vitou ordonna qu'elle seroit couchée par terre, la tête mise sur un billot; il commanda à ses satellites de lui couper la tête avec une hache qu'il fit aiguiser en sa présence. Ces ordres furent exécutés; la déclarante fut renversée par terre, sa tête mise sur le billot, la hache fut levée. Elle crut qu'on alloit la frapper. Mais Vitou, qui en vouloit plus aux écus de son aïeule qu'à sa vie, après avoir réitéré quatre fois l'épreuve, voyant que la déclarante n'en avoit aucune connaissance, il la laissa entre les mains de son état-major qui la conduisit en prison; et le surlendemain, sans verbal, sans plainte, sans dénonciation, ils furent conduits avec leur aïeule dans les prisons de Rodez, où ils ont été détenus trois mois sans en connaître le sujet. » Paganel fut chargé de recueillir tous les faits propres à établir « la conduite infame » tenue par Vitou et son état-major. L'agent national de Rodez écrivit pour le même objet à ses collègues des autres districts. Les preuves contre Vitou furent nombreuses et accablantes. Nous avons cru devoir nous borner à celle qui précède.

A la même date du 29 mars 1794, le Directoire du district de Rodez avait reçu 208 cloches provenant de différentes églises ou chapelles de ce district.

30. — Réjouissances à Rodez, sur la « place de la Société, pour célébrer le salut de la République ».

Le comité de surveillance de Belmont dit dans son rapport décadaire à l'agent national de la Montagne (Saint-Affrique) : « Dans ce païs il n'existe que des fanatiques; quand à des ennemis de la Révolution, le comité n'en connoit pas. »

AVRIL

2. — Bo, délégué de la Convention dans les départements du Lot, du Cantal, du Tarn et de l'Aveyron, « considérant que la sévérité des principes d'un gouvernement révolutionnaire ne peut s'allier avec l'indulgence ou la faiblesse; que la justice la plus rigoureuse doit en être le vrai régulateur, etc., arrête : Art. 1er. Tous les cy-devant nobles et ceux qui en ont pris la qualité, qui ne justifieront pas dans trois jours après la publication du présent arrêté, d'un certificat de civisme, signé du conseil général de la commune de leur résidence, du comité de surveillance, s'il en existe, et à défaut de celui du chef-lieu du canton, et visé par l'administration du district, sont déclarés suspects, et comme tels seront arrêtés et traduits dans la maison de réclusion. — Art. 2. Sont exemptés les cy devant nobles qui ont constamment cultivé leurs propriétés » ; etc.

3. — Arrêté de Bo, représentant du peuple, relatif aux prêtres. L'art. 1er porte : « Tous les soi-disants prêtres salariés ou pensionnés par la République, soit qu'ils ayent abdiqué ou non l'exercice de leurs fonctions, sont tenus de se retirer vingt-quatre heures après la publication du présent arrêté, chacun dans le chef-lieu de leurs districts respectifs, sans pouvoir en sortir jusqu'à nouvel ordre. »

L'agent national près le district d'Aubin écrit à ses collègues des communes : « Du salpêtre, citoyens, du salpêtre. Que dans les 24 heures de la réception de la présente, un atelier s'établisse dans la commune... Songez à la peine dont vous menace le code révolutionnaire, si vous ne mettez la main avec zèle et célérité à l'exécution de la loi sur le salpêtre » ; etc.

Le comité de surveillance d'Espalion, afin de prévenir les troubles qui menaçaient d'éclater par suite du manque de subsistances, décide : Art. 1er. Que la municipalité sera invitée à faire une proclamation pour exhorter le peuple à la tranquillité et le prémunir contre les embûches des aristocrates. — Art. 2. Que le premier qui tiendra le moindre propos tendant à la révolte ou au soulèvement, sera de suite arrêté et puni conformément aux lois ; etc.

4. — Extrait d'une lettre du comité révolutionnaire de Millau à celui de Saint-Affrique : « Nous sommes instruits qu'il existe dans une commune de votre district des fonctionnaires fanatiques et superstitieux qui par leurs sistèmes dangereux peuvent nous procurer les plus grands malheurs. C'est le curé de Source-Libre, cy-devant St-Eulalie, qui s'est permis le jour de la cy-devant Notre-Dame de chanter la grande messe, vêpres et toute la cérémonie charlatanique comme dans l'ancien régime; nous savons tous les maux que le fanatisme nous a causés dans ses contrées; il est urgent de veiller à la destruction totale de ses sortes d'ennemis. »

6. — L'agent du district de Rodez écrit à l'agent

national près l'administration du même district : « .... Ne néglige pas de mettre à exécution votre arrêté relatif au bois des ci-devant églises. Il est très propre à accélérer cette précieuse fabrication (du salpêtre) et à déraciner le fanatisme. »

9. — Lettre de Louchet, représentant du peuple, « à ses concitoyens », membres du comité de surveillance de la commune de Rodez : « J'ai reçu, chers concitoyens, l'adresse que vous avez votée à la Convention nationale. Elle en entendra la lecture avec autant de plaisir que j'en aurai moi-même à lui transmettre les beaux sentiments que vous lui exprimez. Continuez, frères et amis, continuez à bien mériter de la République, en enchaînant les aristocrates de notre commune, qui depuis la Révolution n'ont fait d'autre métier que d'aller de maison en maison pour faire haïr la liberté au peuple. Vous êtes placés au centre du département. La sévérité est à l'ordre du jour comme la probité et la justice. Votre exemple ne peut avoir qu'une heureuse influence sur les autres comités. Je vous fais cette observation parce qu'il en est qui sont gangrenés de la plus puante aristocratie ; quelques-uns même osent décerner des mandats d'arrêt contre les meilleurs patriotes ; de ce nombre est celui de St-Afrique. »

Dans son rapport décadaire au comité de salut public, le Directoire du district du Mur-de-Barrez s'exprime ainsi : « Les opinions religieuses font place à la raison. Encore quelques mois, encore quelques sermons antiprêtres, et l'idole du fanatisme est renversé. La Révolution plait généralement à nos administrés ; ils frissonnent au seul nom de dime, de rente, d'émigrés, de rois » ; etc.

Le rapport venant après portait : « En exécution de l'arrêté de votre collègue Bo, du 10 germinal courant, tous les soi-disant prêtres salariés ou pensionnés sont rassemblés au chef-lieu du district, à l'exception de ceux que des infirmités graves ont mis dans l'impossibilité absolue de se rendre. Cet arrêté, quoique exécuté durant ce qu'on appelait ci-devant *temps pascal*, autrefois spécialement consacré à la superstition, n'a éprouvé aucune opposition. Le peuple l'a vu sans manifester aucun mécontentement, ce qui annonce les progrès de la raison et l'extinction prochaine du fanatisme. »

Le rapport du 10 messidor suivant porte : « Le peuple n'aime point les prêtres. Il se passe aisément de messes et autres singeries de cette espèce ; mais il chaume les ci-devant fêtes et dimanches. »

10. — Vachette, agent préposé à la fabrication révolutionnaire du salpêtre dans le département, écrit dans les termes suivants à la municipalité de Rodez : « Je vous somme au nom du bien public et de la loi de faire retirer à l'instant et sans aucun délai tous les tableaux et autres boisages qui, conformément à l'arrêté du district du 20 de ce mois, ne doivent pas être employés comme combustibles à la fabrication du salpêtre, et qui se trouvent dans l'église cy-devant cathédrale. L'atelier de la fabrication du salpêtre va y être transféré, et le moindre retard de votre part entraverait la marche de l'action révolutionnaire, et vous en seriez responsable. »

11. — Arrêté du comité du salut public de la Convention dans lequel l'Aveyron figure parmi les départements désignés pour concourir à l'approvisionnement des places de siège.

14. — Le Conseil général de la commune de Rodez, vu la rareté des subsistances, « délibère, ouï l'agent national, qu'il sera enjoint par proclamations à tous les aubergistes et cabaretiers de cette commune de mettre à l'avenir la plus grande frugalité dans les repas qu'ils donneront ; de ne pas y fournir au-delà d'une livre et demie de vin par individu, et de ne s'approvisionner ailleurs qu'au marché, qui s'ouvrira à huit heures en été et à neuf heures en hiver ».

15. — Arrêté du Directoire du district de Rodez prescrivant l'établissement d'un atelier de fabrication de salpêtre dans toutes les communes, et particulièrement dans celles chefs-lieux de canton. En conséquence de cet arrêté, le district de Rodez comptait plus de 46 ateliers en activité vers le milieu de l'an II.

Autre arrêté portant : « L'atelier du salpêtre établi dans

la commune de Rodez sera changé à la ci-devant cathédrale, comme un local vaste, propre et commode et promettant une prompte exploitation. »

16. — « Avis au peuple de la commune de Rodez. — Liberté, égalité ou la mort. — Citoyens, les républicains de la commune sont invités, au nom de la loi, de donner des renseignements au comité de surveillance pour ce qui regarde les détenus, afin qu'ils puissent recueillir toutes les preuves qu'ils pourront avoir contre eux. Les tableaux seront affichés pendant trois jours consécutifs à compter du 27e germinal dans la salle des séances ordinaires de la commune. Le peuple est appelé à ce jugement, et d'après son instruction ledit tableau sera envoyé au comité de salut public. Le registre sera ouvert à la municipalité. »

« Le président et les membres du comité de Vallon-la-Montagne (Saint-Geniez) à la Convention nationale : Législateurs, Chabot n'est plus! En faisant tomber sa tête, vous avez vengé la République d'un scélérat et d'un traître. Trompés par les apparences de ses vertus républicaines, longtemps nous avons cru que l'amour de la patrie était sa plus forte passion; le bien et le bonheur du peuple, l'objet des désirs de son cœur. Notre commune l'avait vu naître, et chacun de ses habitants se félicitait de trouver en lui un frère; mais aujourd'hui que le masque en tombant nous a découvert le conspirateur, nous avons vu avec la plus grande satisfaction tomber sa tête; c'est avec la plus vive allégresse et aux cris mille fois répétés de vive la République! que nous avons appris sa punition après celle de ses complices. »

17. — Répartition entre les neuf districts d'un nouvel envoi de savon au département : Rodez, deux caisses, trois demi-caisses et un tambour, soit 1,530 livres; Villefranche, trois caisses, deux demi-caisses et un tambour, soit 1,700 livres; etc.

Les scellés sont apposés à l'appartement occupé par Chabot, à Saint-Geniez, dans la maison de ses parents, ainsi qu'à son cabinet et à sa bibliothèque.

Arrêté de Bo, délégué de la Convention dans le Lot, le Cantal et l'Aveyron, ordonnant la mise en liberté des agents nationaux arrêtés au sujet de la fourniture de chevaux et de charrettes à l'armée des Pyrénées-Orientales.

19. — Arrêté du Directoire du district de Rodez portant réintégration dans la cathédrale des statues qui avaient été prises par des particuliers, attendu qu'en autorisant les « commis aux salpêtres à brûler les instruments de fanatisme, cela avait été en partie pour anéantir les monumens de superstition qui jusqu'ici ont abruty l'espèce humaine ».

La Société montagnarde de Ceignac demande que pour les salaires des domestiques l'année commence à la même date que l'année républicaine.

Arrêté de Bo modifiant celui qu'il avait pris quelques jours auparavant en faveur des prêtres mariés ou disposés à le faire, et de ceux que l'âge et les infirmités mettaient dans l'impossibilité de résider au chef-lieu de leur district.

Autre du même, déclarant suspects tous les ci-devant nobles qui ne pouvaient produire un certificat de civisme.

20. — Arrêté de Châteauneuf-Randon, délégué près l'armée des Pyrénées, au sujet de l'embrigadement des jeunes gens de la première réquisition. Il y est dit que chaque soldat doit avoir un pantalon de drap bleu ainsi qu'une veste; cette veste à la marseillaise, collet droit rouge, passe-poil blanc sur toute la veste; un bonnet de police ordinaire; deux paires de souliers et « un grand sac de toile qui servira à contenir les susdits effets, dans l'occasion à s'envelopper et coucher dedans ».

La Société montagnarde de la commune de Vallée-Libre (Saint-Chély-d'Aubrac) procède à la formation d'un comité de surveillance.

En assemblée du comité de surveillance d'Espalion, un membre déclare que les fanatiques se rassemblent chaque dimanche en fête tantôt au ci-devant temple de la superstition de Perse ou de l'Hôtel-Dieu; et qu'il importe à la commune d'étouffer cet esprit superstitieux qui dégrade l'homme. — Sur quoi, le comité, considérant que le seul moyen d'étouffer l'esprit de fanatisme fomenté par de fréquentes prières faites par des femmes ou filles devant des autels ou des statues encore dressés, est de renverser ces mêmes autels ou idoles ; que cette mesure est d'ailleurs prescrite par l'arrêté de Châteauneuf-Randon, du moment que la commune a renoncé à l'exercice public du culte, arrête : 1° Qu'il sera écrit à la municipalité pour l'inviter à faire détruire ces marques restantes de superstition qui fomentent le fanatisme ; 2° ; etc.

21. — Lettre du citoyen Lacombe, commissaire du général Marbot, à l'administration départementale, l'invitant à hâter le départ pour l'armée des jeunes gens de la première réquisition.

26. — Arrêté pris à Castres par Bo, délégué de la Convention dans le Lot, le Cantal, le Tarn et l'Aveyron, au sujet des mesures promptes et provisoires à prendre, tant pour la culture des propriétés que pour assurer la subsistance des détenus, et aussi de leurs parents jouissant encore de leur liberté.

Le district de Sauveterre envoie à Villefranche quatre caisses, deux barriques, un sac et une petite chaudière contenant du cuivre rouge, du cuivre jaune, du bronze et autres objets. La lettre de voiture commence ainsi : « Liberté — Egalité. A la garde des sans-culottes, et conduite des citoyens » ; etc.

Arrêté de Bo relatif à l'administration des biens séquestrés.

27. — L'accusateur public près le tribunal révolutionnaire de Paris donne avis à l'administration de l'Aveyron de la condamnation à mort de Jean-Jacques Balzac-Firmy, natif de Sénergues.

28. — Répartition entre les districts des 3,700 quintaux de foin, 1,300 quintaux de paille et 15,900 boisseaux d'avoine qu'ils devaient fournir pour l'armée des Pyrénées-Orientales.

30. — Extrait du compte rendu décadaire de la commune de Belmont : « Les citoyens et les citoyennes de la ville et de la campagne ont assisté à la fête (du décadi). Elle s'est passée sans aucun trouble ; et la joie a été si grande, qu'en sortant du temple de la Raison, les citoyens et citoyennes ont été danser la farandole autour de l'arbre de la liberté. »

MAI

1ᵉʳ. — Exécution à Bordeaux de Pierre Delbès, ancien curé de Saint-Remi-de-Laguiole, un des prêtres déportés. Il fut condamné à mort à cause d'une lettre qu'il avait écrite la veille à un de ses amis et qu'un enfant, sur sa prière, était chargé de jeter à la poste.

4. — L'agent national de la municipalité de Coussergues ayant requis l'exécution de l'arrêté de Bo, relatif à l'arrestation de certaines catégories de religieuses et de sœurs converses, les commissaires remplissant les fonctions municipales déclarent : « Que l'air, le terrain, les mœurs et les coutumes de cette commune ne comportent pas cette espèce de gens à bigoterie, plus nuisibles que les sauterelles ; qu'il n'existe pas et n'a jamais existé dans l'étendue du territoire des religieuses mentionnées dans la susdite loi, ni filles attachées aux ci-devant congrégations et ordres religieux. »

5. — Les administrateurs du département informent ceux du district de Sauveterre que les cinquante-cinq prêtres qui devaient partir de Rodez à la susdite date pour Toulouse ne se mettront en route que le lendemain, « et qu'au lieu de six voitures à bœufs qu'on avait arrêté de leur fournir, il leur en faut quinze ».

7. — Jean Borie, représentant du peuple, délégué dans le Gard et la Lozère pour y organiser le gouvernement révolutionnaire, se rend à Saint-Geniez et y provoque une réunion des administrateurs du district.

8. — A cette date, 33 personnes suspectes de la commune de Vallon-la-Montagne (Saint-Geniez) étaient détenues dans la maison de réclusion de cette ville.

La Société montagnarde de Villecomtal nomme trois commissaires « à l'effet d'interroger les membres composant le comité de surveillance de Villecomtal, pour s'instruire s'ils ont entendu les moindres propos contre-révolutionnaires de la part des personnes suspectes, recluses et autres de la commune ».

11. — Mise en réclusion de quatre-vingts religieuses ou sœurs converses du district de Rodez ; il est alloué 40 sous à chacune pour leur nourriture.

12. — La municipalité de Vallon-la-Montagne écrit au Directoire du district de Sévérac-la-Montagne (Sévérac-le-Château) pour le prier de lui prêter cinq à six charretées de grains, ajoutant que depuis trois mois chaque individu ne reçoit « qu'un boisseau de bled pour la subsistance de huit jours ».

13. — Paganel écrivant de Paris aux administrateurs du district de Sévérac, termine ainsi sa lettre : « Soyez toujours convaincus, citoyens administrateurs, que je partagerai la sollicitude qui vous anime pour vos administrés. Accélérez les progrès de l'esprit public et bi)t la Convention nationale aura fixé par des lois populaires le bonheur des individus et la prospérité de la République. »

Arrêté de Châteauneuf-Randon, délégué près les armées des Pyrénées-Orientales et Occidentales, relatif à l'ordre et au service du camp d'instruction de Launac : — Art. 1er. Conformément à l'article V de notre arrêté du 3 floréal, le bataillon de l'Aveyron sera chargé de la police dudit camp de Launac.

15. — Arrêté de Bo relatif « aux muscadins ». Art. 1er. Les citoyens qui depuis la loi du 23 août (vieux style) ont atteint l'âge de dix-huit ans, et dont l'existence actuelle est aussi inutile que scandaleuse, sont regardés comme suspects, seront arrêtés et traduits dans la maison de réclusion du chef-lieu du district, si mieux ils n'aiment être compris dans la première réquisition.

18. — Brûlement de titres féodaux sur la place publique de Recoules (district de Sévérac) et procès-verbal de cette opération.

20. — L'agent national près le district de Rodez écrit au comité de surveillance de cette ville : « Les communes qui portent encore un nom qui retrace soit l'esclavage, soit la superstition, sont invitées à en changer et à le faire passer dans cinq jours au bureau de correspondance. »

22. — Arrêté de Bo relatif à la prompte levée de la

récolte, sans égard pour « la distinction ridicule de fêtes et dimanches », ainsi qu'à la mise en liberté, sous certaines conditions, des prêtres détenus dans les chefs-lieux de districts.

Autre arrêté du même portant réquisition sur le département du Tarn de 20,000 quintaux de seigle au profit de l'Aveyron.

L'agence révolutionnaire des salpêtres et poudres donne mission au citoyen Alexandre Lebas de se rendre dans les départements du Lot, du Lot-et-Garonne, du Gers, du Tarn et de l'Aveyron, pour activer les travaux de fabrication et fournir certains renseignements relatifs à cette affaire.

Autre arrêté de Bo portant : « Art. 1er. Que les citoyens qui n'ont point une profession véritablement utile à la chose publique, et dont les moyens physiques peuvent être employés à la récolte et au battement des grains, sont invités à seconder les travaux de la campagne. — Art. 2. Ceux qui, sur les invitations qui leur seront faites par les municipalités, refuseront leurs bras sans des motifs légitimes, seront regardés comme de mauvais citoyens. »

27. — Arrestation de l'abbé Palangié, prêtre « réfractaire », dans l'étable de la maison de Pierre-Jean Mas, du Batut. Celui-ci fut le lendemain décrété d'arrestation comme receleur.

30. — Exécution à Rodez, sur la place du Bourg, dite de la Liberté, de l'abbé François Palangié, natif de Saint-Geniez, âgé de 28 ans, vicaire de Marnhac.

JUIN

1er — Le comité de surveillance de Rodez délivre des attestations de bonne conduite aux soixante-sept prêtres résidant en cette ville. Parmi eux figurent : « Debertier, ci-devant évêque ; Foulquier, ci-devant curé de Bruéjouls ; Fouéras, ci-devant curé d'Inières ; Jaoul, ci-devant curé de Saint-Martin-de-Cormières. »

Les administrateurs du district de Rodez écrivent au comité de surveillance de la même ville : « Nous ne sommes pas surpris, citoyens, de voir votre indignation se manifester contre les attentats portés à la représentation nationale en la personne de Robespierre et Collot-d'Herbois. Mais vous apprendrez avec satisfaction que nous avons prévenu vos sollicitudes. L'arrêté qui doit faire rentrer dans la maison de réclusion tous les individus qui ont obtenu des certificats de maladie est déjà pris. Il leur sera signifié dans tout demain. Nul de ces individus au reste n'est sorti qu'aux conditions exigées par l'arrêté du représentant du peuple Paganel ; mais nous croyons que les circonstances actuelles exigent cette mesure extraordinaire. Salut et fraternité. »

Adresse du comité de surveillance de la commune de Rodez à la Convention : « Dignes représentants d'un peuple libre, ils sont donc couverts de tous les crimes les vils ennemis de la République française, puisqu'ils emploient encore des monstres forcenés pour l'anéantir. Nous avons frémi d'horreur au récit des attentats de l'amiral ; mais nous avons vu avec complaisance le Dieu tutélaire de nos législateurs veiller à la conservation de Robespierre et de Collot-d'Herbois. Soyez toujours inébranlables, dignes représentants ; nous avons fondé sur vous nos espérances, et l'Être suprême comblera nos désirs. Plus vous aurez des obstacles à vaincre, plus vous signalerez votre constance. Déjà vous avez foudroyé l'athéisme et l'immoralité. Déjà vous portez les palmes des martyrs de la liberté. Nous marcherons sur vos traces et l'immortalité, qui doit être le prix de vos victoires, nous préparera la voie que vous nous montrez : celle de la justice, de la vertu et de la gloire. »

2. — Exécution à Rodez, sur la place du Bourg, dite de la Liberté, de l'abbé Jean-Joseph Boscus, âgé de 38 ans, et de son frère André, âgé de 30 ans, l'un et l'autre prêtres, originaires d'Agnac, canton d'Aubin. Ils avaient été condamnés le jour même par le tribunal criminel de Rodez.

Arrêté de Bo, qui oblige les prêtres assermentés ou non à se retirer dans les 24 heures au chef-lieu de leurs districts respectifs et d'y demeurer jusqu'à nouvel ordre.

Arrêté du Directoire du département portant commission à Louis Bernard de se rendre à Toulouse pour y prendre livraison des 1,350 setiers de froment déposés dans cette ville et destinés à l'Aveyron, conformément à l'arrêté de la commission des subsistances, dont le citoyen Cabrol, commissaire du département, était chargé d'assurer l'exécution.

6. — Suivant un tableau dressé ce jour-là, le district de Sauveterre comptait : 5 émigrés, 38 curés ou vicaires « réfractaires ou déportés », 14 citoyens de différentes professions détenus comme suspects à Rodez ou à Sauveterre.

7. — Conformément à l'arrêté du comité de salut public, en date du 23 floréal précédent (12 mai 1794), la municipalité de La Panouse, district de Sévérac, fait placer dans le lieu de ses réunions l'inscription suivante : « Le peuple français reconnaît l'Etre suprême et l'immortalité de l'âme. »

11. — Séance de la Société populaire de Sévérac-le-Château, « ouverte par le chant des hymnes à la liberté » et durant laquelle le citoyen Marc Sahuquet s'offrit de partir pour l'armée « en qualité de cavalier jacobin de la Société ».

Les administrateurs du district de Montpellier écrivent à leurs collègues de Saint-Geniez pour leur demander des bras à l'effet de les aider à lever la récolte.

12. — L'administration du district de Rodez informe celle du district de Sauveterre que, fatiguée de voir les prêtres constitutionnels se présenter en foule pour donner leur signature, conformément à l'arrêté de Bo en date du 3 prairial, elle a pris le parti de renvoyer chacun d'eux dans sa maison paternelle, à l'exception de quatre ou cinq qui ont été consignés dans la commune de Rodez « pour avoir refusé d'abdiquer leurs erreurs et leurs superstitions en remettant leurs lettres de prêtrise ».

Les administrateurs du département informent les districts de l'entrée dans le port de Cette d'un bâtiment Génois chargé de 900 quintaux de grains destinés à l'Aveyron ; de plus, que le district de Béziers doit livrer 600 quintaux de seigle et tout le maïs qu'on pourra s'y procurer.

13. — Arrêté du comité de sûreté générale et de surveillance près la Convention nationale : « Le Comité, sur les dénonciations et renseignements produits, arrête que les nommés Hippolyte Monseignat et Le Normand de Bussy, domiciliés à Rodez, département de l'Aveyron, seront conduits par la gendarmerie nationale, et de brigade en brigade, dans la maison dite la Force, à Paris, ou toute autre à défaut de place dans la première ; et que les scellés seront apposés sur leurs papiers, examen et distraction faite de ceux qui seront trouvés suspects. Charge le comité de surveillance de la commune de Rodez de l'exécution des mesures ci-dessus. Les représentants du peuple, membres du comité de sûreté générale : Elie Lacoste — Amar — Ragol — Verdier. »

14. — Lettre de voiture délivrée par le commissaire du district de Sauveterre : « A la garde des sans-culottes et conduite de Granié et Bastries, voituriers de Rabastens, tu recevras pour le compte du district de Sauveterre 50 quintaux bled, etc.

18. — A cette date, il existait cinq ateliers de fabrication de salpêtre dans le district d'Aubin : à Aubin, à Bournazel, à Peyrusse, à Flanhac et à Auzits.

19. — On donne un aide à l'exécuteur des jugements criminels.

20. — Lettre du citoyen Combes, de Crespin, commissaire du département et du district de Sauveterre pour les subsistances, aux administrateurs de ce district, pour les informer qu'il part pour Cette afin d'y recevoir et faire partir les grains destinés à l'Aveyron, et pour les prier de fournir la subsistance à sa famille, composée de onze personnes, qu'il a laissée avec 50 livres de grains.

21. — Depuis cette date, qui est celle de l'établissement des écoles primaires, jusqu'au 13 brumaire an IV (4 novembre 1795), le Directoire du district de Rodez aurait dépensé pour cet objet 30,427 livres 11 sous.

23. — Arrêté de Milhaud et Soubrany, délégués de la Convention près l'armée des Pyrénées, portant peine de mort contre quiconque chercherait à se soustraire aux réquisitions pour la levée des récoltes.

29. — Renseignements fournis par le comité de surveillance de Ségur sur le citoyen Girel aîné, dudit Ségur, ex-noble, accusé faussement de huit griefs, parmi lesquels les suivants : d'avoir en sa possession des reconnaissances féodales en sa faveur, de s'être opposé à la plantation de l'arbre de la Liberté, de n'avoir point assisté à la procession le jour de la fête de l'Etre suprême.

JUILLET

3. — Perquisitions faites à Saint-Grégoire, district de Sévérac, chez la mère du sieur Unal, dit Capdenac, à l'effet de se saisir de lui, qui était accusé « d'avoir été le chef du camp de La Panouse ».

5. — Le Conseil général de la commune de Rodez décide qu'il y a lieu de demander au district la somme de 1,000 livres pour payer les ouvriers qui avaient été chargés de l'enlèvement des « boiseries et sculptures des ci-devant cathédrale, capucins, jacobins et chartreux ». Cet enlèvement avait été ordonné par arrêtés du district en date des 21 et 26 germinal dernier.

12. — L'agent national près le district d'Aubin écrit aux municipalités du canton de Conques : « Vous me certifierez, dans le délai de 24 heures, que vous avez établi un atelier de salpêtre dans votre commune ; faute de quoi je dénonce votre coupable négligence et votre insouciance pour la chose publique au comité de salut public. »

16. — Dugommier, général en chef de l'armée des Pyrénées-Orientales, s'informe auprès des administrateurs du département « si les troubles occasionnés par les contre-révolutionnaires qui s'étaient réfugiés dans les bois et les montagnes (après la défaite de Charrié) ont cessé ».

17. — Le comité de surveillance de la commune de Sévérac-la-Montagne, pour se conformer à la délibération de celui de Millau, décide d'inviter les autorités à prendre des mesures promptes et rigoureuses pour « arrêter les brigands, les assassins, les déserteurs, et ceux qui leur donnent retraite et leur procurent des subsistances ».

Le comité de salut public met en réquisition dans les départements de l'Aveyron et du Tarn toutes les toiles propres au service des troupes.

18. — L'administration du district d'Albi met à la disposition de celle du district de Rodez, qui en avait fait la demande, un certain nombre d'ouvriers pour la levée de la récolte. L'article 6 de l'arrêté pris à ce sujet porte : « Tout ouvrier ou journalier qui refuserait de marcher sans raison valable, ou se coaliserait pour se refuser au travail, sera sur le champ arrêté et traduit au tribunal révolutionnaire, conformément aux dispositions de l'article 13 de l'arrêté du 11 prairial an II du comité de salut public. »

22. — « Les membres du Directoire de Saint-Geniez assemblés, considérant que pour vaincre les tyrans il ne faut que deux choses aux Français libres : du pain et des armes, arrêtent que toutes les personnes de l'un et de l'autre sexe capables de travailler, iront aider au cultivateur à recueillir la portion de récolte qu'il a su faire naître dans ses sillons et dont il doit faire part aux citoyens non propriétaires. »

Nouvelle et pressante invitation relative au transport dans les greffes des tribunaux des districts des jugements et autres actes judiciaires déposés dans les greffes des justices supprimées.

26. — Jean Borie, conventionnel délégué dans les départements du Gard et de la Lozère, et, par commission particulière, à Saint-Geniez, condamne à la réclusion plusieurs habitants de cette dernière ville, accusés de fraude dans la distribution des subsistances. Les inculpés furent conduits à Rodez et enfermés dans la tour de l'évêché. Ils pétitionnèrent pour qu'on les mit ailleurs, attendu que « sur de fausses instructions, ils avaient été transférés dans une maison d'horreur qui avait servi à des scélérats ». Charrié avait passé ses derniers jours dans cette tour.

27. — Lettre des administrateurs du département à ceux des districts, au sujet des subsistances : « ...Veillez

donc à ce que les propriétaires fassent battre des grains sur le champ. Veillez aussi à ce que les marchés soient approvisionnés. Enfin donnez-vous tous les mouvements possibles pour empêcher que la malveillance ne prolonge pas la disette où sont réduits la majeure partie de nos frères. Faites attention aussi que la consommation se fasse avec économie, et tâchez, par une administration sage et prudente, de nous préserver de voir renaître les malheurs que nous venons d'essuyer. Surveillez surtout les malveillants qui, l'année dernière, ont enfoui une partie des grains ; et si vous parvenez à découvrir que quelqu'un soit assez méchant pour faire un mauvais usage des grains ou en s'écartant du *maximum*, ne balancez pas d'un moment à les livrer aux tribunaux »; etc.

AOUT

3. — Le comité de sûreté publique de Villefranche déclare avoir reçu 203 marcs 4 onces 5 gros 1/2 d'objets d'argenterie provenant de la dépouille des églises ou chapelles de ladite ville ou de quelques autres du district.

4. — Lettre des maire, officiers municipaux et membres du conseil général de la commune de Rodez au comité de surveillance de cette ville : « Nous vous prévenons, citoyens, que le conseil vient de délibérer de donner la plus grande publicité aux importantes nouvelles que nous venons de recevoir, et de proclamer ce soir à cinq heures et demie dans les différentes sections de la commune cette victoire éclatante que la République vient de remporter encore sur les plus redoutables des conspirateurs (Robespierre et autres); le peuple ne doit pas ignorer longtemps le plus beau de ses triomphes. »

5. — Adresse du comité de surveillance de la commune de Rodez « aux chefs des sections commandant la garde nationale parisienne, vainqueurs de la Bastille : — Citoyens, vous venez de remporter la plus grande victoire sur la tyrannie; vous lui avez arraché son dernier espoir. L'intérêt le plus cher du peuple et de la liberté

a pu être méconnu par des intrigants perfides. Des scélérats ont paru révolutionnaires; ils l'étaient dans le sens du crime; vous le fûtes toujours dans le sens de la probité et de la vertu républicaine. Les malheureux, ils avaient voué au fer des assassins toute la représentation nationale. Mais vous l'avez couverte de vos corps et en repoussant les noirs attentats des ennemis du peuple, vous avez montré des coupables qui avouaient leur crime en résistant aux lois. Ils n'existeront pas donc ces jours de deuil et d'amertume qu'ils nous avaient préparés. Non, le jour de gloire est arrivé. Les pères de la patrie ont lutté contre Catilina; ils ont consolidé pour jamais la liberté. Vous l'avez entendu ce tocsin qui devait amener le désordre, donner le signal du massacre et de l'incendie. Vous les avez vus les traîtres se réunir dans la maison commune pour mieux tromper le peuple. Eh bien, l'Être suprême avait fixé leur destinée : ils ne sont plus! — Sentinelles de la République, nous fûmes toujours comme vous au centre de l'inviolable unité; nous partageons donc vos triomphes. Mais ne nous endormons pas sur nos lauriers; bravons sans relâche les clameurs insensées de l'ignorance présomptueuse, de sa perversité hypocrite et de sa domination astucieuse. Que l'influence de la vertu soit notre égide. Aucun monstre encore caché dans le repaire anfractueux du crime n'échappera à votre vigilance. Si l'immortel Barra n'a pas trouvé de modèle dans l'antiquité, il existe parmi nous des émules de sa vertu. — Salut et fraternité. »

6. — Au nom de la patrie, le Directoire du département invite tous les habitants de l'Aveyron « qui sont dans l'usage de cultiver le chanvre et le lin, de laisser produire à leurs cheneviers toute la graine dont ils sont susceptibles ».

7. — L'administration du district de Sauveterre demande conseil au comité de salut public sur le recensement de la taxe de guerre établie par Bo et « l'infâme » Chabot le 6 avril 1793, laquelle ne portait « que sur quelques misérables fanatiques gênés même dans le payement de leurs impositions fautes de moyens ». L'ad-

ministration dit en terminant : « Qu'il n'existe pas dans la République de district où la République soit plus aimée, où la Montagne ait été plus vénérée, puisque lors du fédéralisme le district de Sauveterre s'opposa tout entier aux démarches contre-révolutionnaires et conserva toute sa pureté au milieu des plus noirs complots. »

10. — Célébration dans tout le département de l'anniversaire de la journnée du 10 août 1792, la dernière du pouvoir royal. Le comité de surveillance d'Espalion arrête « que tous les membres décorés d'un bonnet rouge sortiront en ordre, iront joindre les officiers municipaux à la maison commune, pour de là se transporter partout où besoin sera pour la célébration de cette fête ».

13. — L'accusateur public près le tribunal criminel du département dénonce aux administrateurs du district de Vallon-la-Montagne (Saint-Geniez) un aubergiste d'Espalion qui avait vendu du pain à 30 sous la livre, et le maire de Saint-Côme qui vendait son vin 400 livres la pipe, en assignats, ou 200 livres en argent, et les signale comme de criminels contre-révolutionnaires. Il ajoute en *post-scriptum* qu'un huissier de Rodez envoyé à Saint-Geniez n'avait pu s'y procurer ni pain ni vin, que sans un ami il serait mort d'inanition.

14. Répartition entre les neuf districts de 30,000 quintaux de foin, 15,000 de paille et 18,000 d'avoine réquisitionnés pour l'armée des Pyrénées-Orientales.

19. — Lettre des administrateurs du département à ceux des neuf districts, au sujet d'une femme qui prétendait guérir toutes les maladies et qui s'était évadée de l'hospice de Rodez, où elle avait été enfermée. Voici le commencement de cette lettre : « La malveillance, citoyens, va encore jusqu'à se servir de la bonne foi des trop crédules habitants des campagnes pour ourdir de nouvelles trames contre la liberté. — Des conspirateurs d'un nouveau genre abusent des gens simples pour les détourner des véritables sources de la lumière ; et par des prestiges sortis sans doute des vieux fourneaux des prêtres et des rois, une autre Catherine Théot (1) monte un atelier semblable à celui que sa devancière, aidée de dom Gerles et autres collaborateurs, avait monté dans Paris. Cette magie dans des pays trop reculés pour la Révolution pourrait diminuer l'éclat des biens inestimables que la raison, la liberté et l'égalité ont répandus sur la terre. La nouvelle Théot dont nous vous entretenons, copie dans le département de l'Aveyron les procédés de celle dont la Convention a su faire justice. Elle fait plus de foule dans plusieurs communes que n'en avait jamais fait celle qui fixa l'attention des représentants du peuple; elle se dit la mère de Dieu; elle se vante de rendre la vue aux aveugles, de guérir par le simple attouchement des mains, ou au moyen de certains emplâtres, que le prophète Daniel lui apporte du ciel, les maladies les plus invétérées »; etc.

19. — Le sieur Joseph-Guillaume Blanchis, de Salles-Curan, se rendant à la foire de Lacalm pour y acheter des bestiaux destinés à l'armée d'Italie, est arrêté, vers midi, sur la route contre le bois de Bonneval, par quatre hommes armés qui l'entraînent dans l'épaisseur du bois et lui enlèvent 140,000 francs en assignats.

Réquisition faite dans le but de transporter la guillotine au Mur-de-Barrez, où devait avoir lieu une exécution capitale. Le montant des frais de transport, à l'aller et au retour, ainsi que du « montage et démontage » de la fatale machine, fut de 485 livres 5 sous.

On trouve à cette date des circulaires de l'administration départementale portant en tête ces mots : « Liberté, Egalité. — Vive la Montagne. » Plus tard, en l'an III, on y lisait : « Liberté, Egalité, Fraternité. — Vivre libre ou mourir. »

28. — Seconde lettre des chefs des proscrits de l'Aveyron au général Bonnet, pour le prier d'étendre l'amnistie à leurs camarades des départements voisins, qui n'avaient

---

(1) Femme visionnaire, née près d'Avranches en 1725, morte en 1794, à la Conciergerie de Paris, où elle venait d'être enfermée sur un rapport plein d'une ridicule exagération de Vadier, membre du comité de sûreté générale, qui l'accusa d'intelligences avec des émigrés et des prêtres.

pas cessé d'habiter depuis quatre ans avec eux celui de l'Aveyron. Nous y relevons le passage suivant : « Nos concitoyens, si généreux envers nous dans nos malheurs, nous appellent maintenant à grands cris et nous tendent les bras. Les bénédictions du peuple dans toute cette contrée se mêlent aux témoignages de notre reconnaissance ; et cette voix publique, cette voix solennelle qui vous proclame le bienfaiteur, le pacificateur du département de l'Aveiron, vous venge assez sans doute, citoyen général, des murmures de quelques suppôts des boucheries de Robespierre qui voudraient encore du sang. Les lâches ! Plus d'une fois ils firent solliciter auprès de nous leur pardon ; plusieurs sont venus se jeter à nos pieds pour l'obtenir ; et ils osent se plaindre de notre amitié ; et ils insultent aux vues pacifiques d'un gouvernement paternel ! Que veulent-ils donc ces misérables ennemis de tout bien, ces vils anarchistes? Ils n'ont plus à craindre notre colère. Qu'ils se rassurent : nous les oublions à jamais dans la fange et dans l'opprobre où ils sont ensevelis. Oui, général, nous l'avons promis, nous le jurons et nous ne trahirons pas nos serments. Nous vivrons en bons et fidèles citoyens; d'autant plus soumis aux lois de la République, qu'elle a su par sa loyauté et par ses bienfaits s'assurer, avec notre obéissance, l'empire même de nos cœurs. » Le général envoya, le 1er septembre suivant, copie de cette lettre à l'administration centrale, lui demandant en même temps son avis.

SEPTEMBRE

1. — Arrêté du Directoire qui fixe les heures de travail dans les bureaux de l'administration départementale de 9 heures du matin jusqu'à 3 heures du soir.

6. — Le Directoire du district du Mur-de-Barrez dit dans son rapport décadaire adressé à la Convention : « L'esprit public est bon. La chute de Robespierre et de ses complices est regardée avec raison comme un bienfait du génie de la liberté. Le système de terreur était abhorré ; le modérantisme l'est aussi. Une justice très sévère et telle

qu'aucun ennemi de la République n'échappe au glaive de la loi, voilà ce que le peuple désire. »

Arrêté des représentants du peuple Perrin et Goupilleau, envoyés dans les départements de Vaucluse, du Gard, de l'Hérault et de l'Aveyron « pour y assurer le bonheur du peuple et le triomphe de la République », et pour y interpréter la loi du 8 ventôse précédent et l'arrêté du représentant du peuple Maignet du 12 prairial suivant, touchant le sequestre des biens des détenus.

7. — Lettre de L. Louchet à ses frères et amis composant la société populaire montagnarde de Rodez : « Frères et amis, la Convention nationale a vivement applaudi à la dernière adresse que vous lui avez votée et dans laquelle vous lui annoncez le produit de la souscription que vous avez ouverte pour contribuer à la construction d'un nouveau vaisseau *Le Vengeur*. Elle a décrété la mention honorable de votre don de cinq mille cinquante-trois livres, et l'insertion en entier de votre adresse dans le Bulletin. Je me félicite d'avoir à rédiger le procès-verbal de la séance où ce décret, qui rend hommage à votre républicanisme, a été rendu. Continuez, braves montagnards, de servir la patrie par vos discours et par vos actions. Salut et fraternité. Votre concitoyen, L. Louchet. — La « Société régénérée des sans-culottes de la commune de Rodez » fut représentée dans la susdite liste de souscription par 294 de ses membres.

8. — Le citoyen Vachette, préposé de l'agence des salpêtres dans l'Aveyron, informe qu'il vient d'arriver à Bordeaux 20 chaudières en fer de fonte, du poids de 7 quintaux chacune, destinées au département. Le district de Sauveterre en doit recevoir deux. Neuf ateliers de salpêtre furent établis dans ce district : à Sauveterre, à Saint-Just, à Naucelle, à Réquista, à Lédergues, à La Selve, à La Salvetat, à Colombiès et à Camboulazet.

9. — Dernière séance du comité de surveillance de Saint-Côme, en conséquence de la loi qui réduit les comités à un par district, et qui n'en tolère plusieurs que dans les villes d'au moins huit mille habitants. Sur la proposi-

tion d'un membre, cette séance est « clôturée par le chant de l'hymne des Marseillais ».

Des mesures de précaution sont prises sur le bruit d'un soulèvement prochain, annoncé aux administrateurs du département par l'adjudant-général Lamarque, commandant la force armée dans la Lozère, l'Aveyron et les départements circonvoisins. Des lettres avaient été interceptées, faisant connaître les projets subversifs « des partisans du camp de Jalès et de la Lozère ».

15. — Le comité de salut public délègue les citoyens Fraisse, médecin à Villefranche, Merle, médecin attaché à l'hôpital militaire de Toulouse, et Bécane, professeur de chirurgie audit Toulouse, pour se rendre sans délai à Sauveterre, afin d'y étudier la nature de l'épidémie qui s'y était déclarée, en indiquer le traitement et prendre les mesures propres à en arrêter les progrès.

19. — Dernière séance du comité de surveillance d'Espalion.

21. — A cette date, la fabrication de salpêtre dans le district de Rodez avait produit 9,449 livres de cette matière.

26. — Répartition par le Directoire du département entre les districts de 66 demi-caisses de savon : Rodez en eut 8; Sauveterre, 7; Villefranche, 8; etc. Le savon, considéré comme un objet de première nécessité, était alors très rare dans le département. Chaque demi-caisse pesait 52 livres, poids de marc. Le comité des subsistances près la Convention avait accordé, en germinal an II, cent quintaux de savon au département.

28. — Les administrateurs du département informent ceux des districts qu'ils ont fait imprimer à Montpellier l'instruction sur le nouveau système des poids et des mesures de la République, et leur demandent le nombre d'exemplaires nécessaires à chaque district. Celui de Villefranche en réclama cinq cents.

29. — Etat général des matières reçues à cette date à la fonderie nationale de Montauban et provenant des églises, couvents et maisons d'émigrés de l'Aveyron : cuivre rouge, 3 quintaux 68 livres; cuivre jaune, 127 quintaux 68 livres; étain, 1 quintal 87 livres; fer ou mitraille, 2 quintaux 30 livres; métal de cloche, 1,366 quintaux 33 livres.

OCTOBRE

2. — Exécution à Rodez de l'abbé Pierre Bouis, vicaire de Saint-Constans, condamné à mort par le tribunal criminel du département. Il avait été arrêté dans le district d'Aubin et transféré, le 3 vendémiaire an III (24 septembre 1794), dans les prisons de Rodez. Il fut, comme les autres prêtres, victime de sa foi religieuse.

5. — Le président de l'administration départementale recommande, vu la saison, l'exécution de l'arrêté de Paganel relatif à la plantation d'arbres le long des routes.

6. — Envoi à Paris d'un état relatif aux prêtres insermentés. Il y est dit que 492 de ces prêtres furent transportés à Bordeaux, et qu'à la susdite date il y avait encore dans les maisons de réclusion de cette ville 207 prêtres sexagénaires ou infirmes.

9. — Dernière séance du comité de surveillance de Laguiole.

Arrêté de l'administration du département relatif à la reprise des travaux des routes.

10. — Décret qui rapporte l'arrêté du 13 août 1793, lequel portait établissement par Bo et Chabot d'une taxe révolutionnaire.

12. — Exécution à Rodez, sur la place d'armes, de l'abbé Pierre Dalmayrac, natif du Piboul, curé de Castelnau-Peyralès.

A cette date, le district de Rodez avait expédié à Montauban, à la fonderie nationale de canons, 76,759 livres, poids de marc, de métal de cloche.

Réquisition de souliers pour l'armée des Pyrénées. Les possesseurs de deux paires devaient livrer la meilleure.

14. — Arrêté de Perrin, représentant du peuple, en

mission dans l'Aveyron et autres départements, portant réorganisation du comité révolutionnaire de Sauveterre.

15. — Séance de la Société populaire de Sévérac pour la réorganisation du comité révolutionnaire, conformément à l'arrêté de Perrin. La séance fut ouverte, comme à l'ordinaire, « par l'hymne des Marseillais ». On procéda ensuite à l'élection des 24 membres qui devaient composer ledit comité. Le choix porta sur 2 marchands, 13 propriétaires-cultivateurs, l'officier de santé, 1 cordonnier, 1 entrepreneur de travaux publics, 2 aubergistes, 1 secrétaire de municipalité, 1 maréchal, 1 chaudronnier et 1 tisserand.

16. — Réorganisation du comité révolutionnaire de Rodez. Il fut composé de 12 membres et installé dans l'ancien séminaire le 28 du même mois.

Perrin, délégué de la Convention dans les départements du Gard, de l'Hérault, de Vaucluse et de l'Aveyron, arrête que « l'administration du département demeure chargée d'éloigner à vingt lieues des communes où ils auraient exercé des fonctions tous les prêtres qui auraient favorisé le fanatisme par leurs propos ou actions ».

Autre arrêté autorisant les administrations des districts « à compléter et épurer les municipalités des communes de leurs arrondissements respectifs, ainsi que les juges de paix et leurs assesseurs, les tribunaux, etc., en un mot toutes les autorités constituées désignées par la loi du 7 vendémiaire an III, article 4 ».

17. — Perrin et son collègue désignent 12 citoyens pour composer « le comité révolutionnaire du district de Sévérac ».

18. — Installation du comité révolutionnaire réorganisé du district de Rodez, composé, ainsi que nous l'avons dit, de 12 membres désignés par Perrin.

Arrêté de Perrin portant réquisition de 1,000 muids de vin et d'une certaine quantité d'huile sur le district de Millau au profit de celui de Sévérac.

19. — Le district de Sauveterre fait un nouvel envoi à Montauban des matières suivantes provenant de la dépouille des églises de ce district : 6 quintaux 25 livres de

fer; 9 q. 73 l. de laiton ou bronze; 4 q. 87 l. de cuivre rouge; 4 q. 69 l. de cuivre jaune; 66 l. de plomb, 3 q. 65 l. d'étain; 347 q. 62 l. de métal de cloche. Il restait encore en magasin à Sauveterre : 35 q. 42 l. de fer; 2 q. 96 l. bronze ou laiton; 2 q. 85 l. de cuivre rouge; 59 l. de cuivre jaune; 50 l. de plomb; 1 q. 38 l. d'étain.

22. — Réorganisation du comité de surveillance de Saint-Geniez.

29. — Le cachet dont se servait alors le Directoire du district de Saint-Geniez était ovale. Le champ représentait une pique verticale surmontée du bonnet phrygien. On lisait autour : *District de Saint-Geniez d'Aveirou;* mais le mot *saint* abrégé avait été effacé. L'année suivante on se servait d'un cachet à peu près rond, avec les mêmes emblèmes et ces mots autour : *District de Saint-Geniez d'Aveiron.*

NOVEMBRE

1ᵉʳ. — Arrêté du représentant du peuple Delbrel, portant réquisition de tous les pruneaux dans les départements du Tarn, de l'Aveyron et de l'Hérault, pour le service des hôpitaux militaires.

12. — Arrêté du même relatif aux fêtes décadaires. L'article premier porte : « Tous les officiers municipaux, les administrateurs des districts et ceux des départements du Gard, l'Hérault, l'Aveyron et Vaucluse, assisteront en costume, sans autre préséance que celle de la fraternité, aux exercices qui se font tous les décadis dans le temple de l'Être suprême, et veilleront à ce qu'il soit fait des discours patriotiques à la portée du peuple, pour le nourrir et l'enflammer des principes de liberté et d'égalité et de l'amour de la Révolution. »

13. — Le comité de surveillance révolutionnaire de « Sette » écrivant aux administrateurs du district de Sauveterre au sujet d'un déserteur du bataillon de l'Ariège, ajoute : « Nous vous observons que de votre département il y a 236 hommes déserteurs de ce bataillon. »

26. — Conformément à la loi du 9 brumaire précédent (30 octobre), l'administration du district de Villefranche fait choix des citoyens Chalret, professeur de mathématiques ; Augustin Drulhe, instituteur, et Emmanuel Disses, ex-doctrinaire, pour élèves de l'Ecole normale nouvellement fondée à Paris.

27. — La municipalité de Rodez écrivant aux administrateurs de ce district au sujet de l'instruction publique, dit, entre autres choses : « Depuis 1790 les établissements de l'instruction publique ne sont plus en activité ; l'instruction publique a été totalement suspendue ; il n'y a que quelques écoles primaires en activité. »

DÉCEMBRE

3. — Suivant un état fourni conformément à la loi de cette date, le district de Sauveterre avait envoyé à Toulouse ou à Montauban : 376 quintaux 8 livres de métal de cloche ; 21 q. 6 l. de cuivre jaune ou rouge ; 458 marcs 5 onces 14 grains d'argent provenant de la dépouille des églises ; 49 marcs 10 onces 8 grains de vermeil de même provenance.

10. — Réquisition pour le transport de la guillotine à Aubin, où devait avoir lieu une exécution capitale.

12. — Le garde-magasin des hôpitaux militaires de l'armée des Pyrénées accuse réception du linge provenant des églises du district de Sévérac, consistant en 110 aubes, 252 nappes d'autel, 600 « menus linges », 9 surplis.

Recensement des grains, légumes secs, etc., récoltés en l'an II dans le district de Rodez. Les pommes de terre y figurent pour 23,759 quintaux 45 livres. Les communes de ce district où le précieux tubercule n'était pas encore cultivé, étaient celles d'Olemps, Limouze-la-Prade, Bozouls, Sébazac-Causse, Agen, La Loubière, Lioujas, Montrozier.

13. — La population du district de Sauveterre était alors de 33,300 âmes.

16. — Le président du comité révolutionnaire de Saint-Flour informe celui du district de Rodez « que de nouveaux actes contre l'ordre public ont été commis dans les environs de Saint-Urcize ».

19. — Réquisition pour le transport de la guillotine à Saint-Affrique, où devait se faire une exécution. Les frais furent au total de 590 livres.

23. — L'administration du district de Sauveterre prend ses mesures pour l'organisation des écoles primaires dans son ressort, conformément à la loi du 27 brumaire an III (17 novembre 1794). Il devait y en avoir trente-trois. A ce sujet, l'administration susdite adressa la lettre suivante à la Société populaire de Sauveterre : « Liberté, Egalité.—Vivre libre ou mourir. — Mort aux tyrans, paix aux peuples. — Citoyens, vous êtes le foyer des lumières et la source de l'instruction ; aussi, nous adressons-nous à vous pour vous donner connaissance des mesures que nous avons prises pour l'organisation des écoles primaires, en vertu du décret du 27 brumaire. Nous vous demandons d'appuyer nos mesures, afin que nos enfants soient les soutiens de l'ouvrage immortel que nous construisons en dépit de la tyrannie et de ses suppôts. »

27. — Arrêté du Directoire du district de Sauveterre qui prohibe la sonnerie des cloches pour d'autres objets que pour la convocation du peuple aux assemblées indiquées par la loi :

« Considérant que dans certaines communes du district le fanatisme réveille encore d'anciennes idées, abuse les esprits faibles, détruit la confiance dans la Révolution, fait rétrograder l'esprit public et expose les bons citoyens aux fureurs des discordes civiles, toujours terribles lorsque les opinions religieuses en sont la source; considérant, etc. Arrête, ouï l'agent national :

» Article 1er. Tous rassemblements fanatiques proscrits par la loi seront réprimés; etc.

» Art. 2. Les agents nationaux des communes veilleront à ce que les ci-devant églises soient fermées et que les cloches qui peuvent exister encore dans quelques communes ne soient point sonnées; etc.

» Art. 3. Si malgré la vigilance des agents nationaux, il arrivait que des fanatiques fissent entendre encore le son proscrit des cloches, lesdites cloches seront sur le champ descendues et transportées dans le chef-lieu du district pour être envoyées dans la fonderie la plus proche.

» Art. 4. Les agents des communes, de concert avec les municipalités, ne manqueront pas, malgré les dispositions ci-dessus, de se rendre solennellement, chaque décade, dans le temple à l'Etre suprême, pour y faire la publication des loix au milieu du peuple assemblé, la seule réunion qui puisse être permise et pour laquelle l'agent de la commune sera tenu de faire ouvrir seulement les portes du temple.

» Art. 5. Dans les communes où des citoyens égarés se permettent de convoquer publiquement des hommes et des femmes égarés comme eux, pour entonner des vêpres ou défiler des chapelets, les agents des communes exerceront encore une surveillance plus active et dénonceront ces ministres d'un nouveau genre et aussi dangereux que les premiers, au comité révolutionnaire, qui prendra à leur égard les mesures que pourra lui suggérer l'amour du devoir et le triomphe des principes » ; etc.

31. — Avis de l'arrivée à Sévérac de trente marins, prisonniers de guerre. Par arrêté du comité de salut public du 17 thermidor an II, le district de Sévérac avait été désigné comme lieu de dépôt des prisonniers de guerre.

www.ingramcontent.com/pod-product-compliance
Lightning Source LLC
Chambersburg PA
CBHW071728090426
42738CB00011B/2415